誰についていくべきか？

「ついていくべきリーダー」を見極める58のリスト

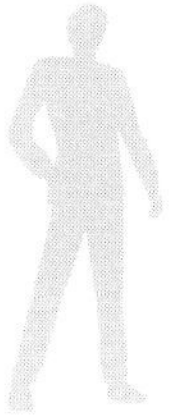

加藤秀視

すばる舎

はじめに

あなたは、自分の上司やリーダーに満足していますか。それとも不満ですか。

いま多くの人が自分の上司やリーダーに不満を抱いています。


「うちの上司は全然使えない」

「指示に一貫性がない。そのときどきで言うことがコロコロ変わる」

「仕事を教えてくれない。教え方が下手」

「部下の気持ちを全然理解していない」

「話すのは、過去の自慢や会社の悪口ばかり」


こうした上司やリーダーに対する不満は尽きることはありません。

世の中の上司やリーダーは２つに大別できます。

「ついていくべきリーダー」と「ついていってはいけないリーダー」です。


ついていくべきリーダーは、あなたに幸せや感動や成長をもたらしてくれます。

ついていってはいけないリーダーは、あなたやあなたの人生をダメにします。

あなたなら、どちらのリーダーを選びますか。


近年、さまざまな分野のトップやリーダーによる不祥事が相次いでいます。

もしかすると、これらの事件や問題は氷山の一角に過ぎないのかもしれません。

いまもあなたの身近なところで、ダメなリーダーや上司による、数々の悲しみや苦しみが生み出されています。

そうした悲しみや苦しみが、先の「上司への不満」として現れているのでしょう。


自己紹介が遅くなりました。

加藤 秀視（かとう・しゅうし）と申します。

私は、人材教育企業「マーヴェラスラボ」のＣＥＯをしております。専門は、リーダーシップ開発と組織開発。ありがたいことに、「人と組織を変えるプロ」と評価をいただくことも多いです。

これまでに、ビジネスマンやトップアスリート、オリンピック選手など、のべ６万人以上に直接指導を行ってきました。


私たちが最近、力を入れているのがリーダー教育プログラム「リーダー学」です。

いまの日本には優秀なリーダーが決定的に不足している。早急に優秀なリーダーを育成しないと、今後、日本の社会は危うい状態に陥ってしまう。しかし、日本にはリーダーを養成するための学問体系や教育機関がほとんどない……。

そこで私たちは、データ分析のプロの力を借り、全国８５０大学、１０００件以上の論文、世界の辞書を徹底的に調査分析。そこからリーダーとして必ず身に付けておかなければならない普遍的要件を抽出し、体系化することに成功しました。

それが、誰でもリーダーになれるプログラム「リーダー学」なのです。


「リーダー学？　将来のリーダーを目指すための学問？　私には必要ない。だって、私はリーダーになんかなるつもりはないのだから」

いえいえ、決してそのようなことはありません。

先ほどもお話ししたように、私たちの「リーダー学」は、リーダーになるための必須要件を分析抽出したものです。その必須要件を身に付ければ、誰もがリーダーになれます。

かつてのように、カリスマ性のある人、声の大きい人、お金持ちの子息、高学歴の人など、一部の人間がリーダーになる時代は終わりました。

リーダーに必要な要素を後天的に身に付けさえすれば、誰でもリーダーになることができるのです。

とはいえ、あなたはそれを望んでいないのかもしれません。もちろん、それでもかまいません。

実は、私たちの「リーダー学」には、リーダーになること以外にも用途があります。

自分の上司やリーダーが、良いリーダー（ついていくべきリーダー）なのか、それともダメなリーダー（ついていってはいけないリーダー）なのか、見極めるツールとして利用できるのです。

なぜ、自分の上司やリーダーを見極める必要があるのか。それは、どんなリーダーについていくかによって、あなたの人生が大きく変わっていくからです。

良いリーダーについていけば、あなたの人生はいまよりももっと良くなるでしょう。ダメなリーダーについていったら、最悪、人生を棒に振ることになるかもしれません。事実、ダメなリーダーについていったために数々の悲しい出来事が起こっています。

ついていくべきリーダーが見極められるようになると、いくつものメリットがあります。仕事がうまくいく。やりがいが見つかる。人間関係が良くなる。収入が増える。キャリアアップができる。夢を叶えられる。仕事や人間関係のストレスが減る。

これからお話しする「ついていくべきリーダー」を見極める方法は、さまざまな組織やチームで利用できます。しかも、仕事以外の幅広い分野でも役立ちます。

たとえば、学校などの教育機関、部活やクラブなどのスポーツチーム、親子や夫婦などの家族関係、パートやアルバイト先――。

複数の人が関係する場であればどこでも使用できます。

なぜなら、私たちは誰もが一人以上の誰かについていって人生を送っているからです。

私たちの人生は、どんなリーダーの下にいるか、誰についていくかで決まります。

本書でいうところの「ついていってはいけないリーダー」の下に居続けても、幸せにはなれません。おそらく人間としての成長も期待できないでしょう。

ぜひ、本書を参考に「ついていくべきリーダー」を見つけ出してください。そして、いまよりもずっと幸せで楽しく、感動にあふれた人生を歩んでください。

心からあなたの幸せと成長を願っています。

Contents

誰についていくべきか？

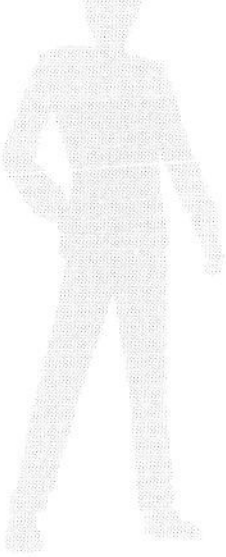

第1章

「ついていく人」を間違えるから人生を間違える

第2章

仕事に向き合っているか？

第3章 時間とお金を何に使っているか？

第4章 かっこいいか？

第5章
人間を熟知しているか？

第6章

自分と向き合っているか？

第７章

メンバーと向き合っているか？

第8章

集団を組織に変えることができるか?

第9章

戦略はあるか?

第10章

あなたがリーダーになるための10のリスト

第1章

「ついていく人」を間違えるから人生を間違える

誰についていくかで人生は決まる

いま、あなたには「ついていきたい」と思えるリーダーはいますか。

あなたの人生は、誰についていくかで大きく変わっていきます。

どこに住むか、誰に出会うか、何を学ぶか、これらの選択と判断によって、あなたの人生はいまよりもずっと良くなりますし、逆にいまよりも悪くなることもあります。

私たちは、多かれ少なかれ、誰かのあとについていっています。

生まれてからこれまでずっと一人きりで生きてきた人など一人もいません。

幼いころは、自分の両親、学校や塾の先生、クラブ活動の顧問の先生たちについていき、社会人になるとそれが上司や先輩へと変わっていきます。

優秀な指導者のもとで優秀な生徒が育つように、優秀なリーダーのもとには優秀な部下が育ちます。

優秀な人のそばにいることで、耳にする情報、物事の捉え方、人生における価値観などが、プラスのものに転じていくからです。

ちなみに、ここでいう「優秀」とは、人を導いていくことにおいて人よりも優れている人のことを指します。本書でいうところの「ついていくべきリーダー」です。

「ついていく人」を間違えるとヤバイ5つの理由

ここで、ついていく人を間違えてしまうと、どのような末路を迎えることになるのかお話ししておきましょう。

先に結論からいいますと、最悪、人生を棒に振ることになります。

脅しではありません。

実際についていく人を間違えてしまったがために、不幸な境遇に陥ったり、命まで落とすことになってしまった人を見てきました。

もちろんこれらは極端な例ですが、そこまではいかなくとも、ついていく人を間違えるとあなたの人生に次のようなマイナス面をもたらします。

①時間を無駄にする

時間を有効に使うことができなくなります。自分の人生を良くするためよりも、必要のないこと無駄なことに多くの時間を費やすことになります。

②エネルギーを削られる

時間を浪費するだけではなく、無駄なことばかりやらされ、その結果、エネルギーを削り取られることになります。

③仕事で結果が出ない

時間とエネルギーを有効に使えていないため、仕事にも無駄が多く、思ったような成果が出せません。

④家庭やプライベートにも悪影響が出る

無駄なことばかりしている上に成果も出せないので、気持ちに余裕がなくなり、他人のことを気遣うことができなくなります。次第に家族や仲間との人間関係もうまくいかなくなります。

⑤人生を棒に振る

先ほど例をあげて説明したように、これまでにあげたことが複合的に作用して、自分が望んでいたような人生が送れなくなります。

誰についていくべきかわかると手に入る、7つのメリット

いかがでしたか。ついていくべき人を見極めることが、あなたの人生においていかに重要かがわかっていただけましたか。

では、今度は逆に、ついていくべき人が見極められると、あなたの人生にどのようなプラスがあるのかを見ていきましょう。

①仕事がうまくいく

仕事の優先順位がわかるようになり、成果に対して効率的なアプローチができるようになります。結果、仕事はスムーズに進み、成果も出しやすくなります。

②仕事が楽しい、仕事にやりがいが見つかる

成果が出るので、仕事が楽しく、やりがいを感じられるようになります。

③人間関係が良くなる

いいリーダーは人を大事にします。大事にされた人は、他人にも優しくできます。もっと仲間を大事にしようと人間関係にゆとりが出ます。

④家族との関係も良くなる

家族に対しても同様です。愛を与えてもらった分、家族にも愛を与えようとします。いじめられた人は人をいじめようとし、愛された人は人を愛そうとする。そんな人間関係の基本を知ることができます。

⑤収入もアップして、お金にも困らなくなる

成果を出し続けているので、自然と収入は増え、キャリアアップにもつながります。

⑥夢を叶えることができる

リーダーという良いお手本を通じて、「夢はこうして叶えればいいのだ」と自分の夢を叶える方法がわかります。

⑦ストレスに強くなる

いいリーダーはストレスへの対処法が上手です。仮にストレスがたまっていたとしてもそんなそぶりは見せません。一方で部下がストレスをためているなと感じたら、一声かけたり、励ましたり、ほめたりすることでストレスを抜いてくれます。よって、ストレスの少ない状態で毎日を過ごすことができます。

このように、ついていくべきリーダーがわかると、あなたの人生に数々の良い影響がもたらされます。

「ついていく人」を見つけづらい今の日本社会

ところが、ここでひとつ問題があります。

今の日本は、ついていくべきリーダーを見つけづらい状況にあるのです。

ついていくべきリーダーが不在、あるいはついていくべきリーダーを間違ってしまったために、いくつもの悲しい事件や事故が起こっています。

記憶に新しいところでは、日大の悪質タックル問題、電通の過労死問題、自殺者まで出してしまったモリカケ問題、そのほかにも職場でのいじめや自殺、うつ病患者の増加……。

これらは、すべてではありませんが、「ついていくべきリーダーが見つからない」ことが原因のひとつになっていると推測されます。

何を信じて生きていけばいいかがわかりにくい時代

なぜ、いまの日本の社会では、ついていくべきリーダーが見つけづらいのか。

まず、何を信じて生きていけばいいのかがわからなくなったことがあります。

歴史をさかのぼってみると、それはときには宗教であり、ときには政治でありました。ところが現代はどうでしょう。みなさんは「私はこれを信じて生きています」と人に公言できるものを持っていますか。

近年、伊勢神宮に参拝しにいく人の数が急増していると聞きます。かつてのように信仰のために訪れるのではありません。伊勢神宮に出向いてパワーをもらってくるのだといいます。これも信じるものが見つけられないがゆえのことでしょう。

リーダーが見つけづらいもうひとつの理由は、嗜好の多様化です。昔は一つのものに全国民の興味関心が集中していました。

ところが、いまは一人ひとり、崇《あが》める「神」やカリスマが違います。

構成メンバーが多い、ＥＸＩＬＥやＡＫＢ48などが人気を得ているのもその現れでしょう。

これまでのように一人のカリスマに人気が集中するのではなく、僕はこの人が好き、私はあの人が好き、と信じるものがそれぞれ違ってくる。要は、顧客のニーズに合わせて、たくさんの選択肢が用意されるようになったのです。

こうして自分の好きなものがはっきりしている一方で、自分で決められない人が増えています。

自分で決められない人は、誰かに選択を委ねます。趣味の世界でしたらそれでもよいでしょうが、自分の人生さえも人に委ねてしまうのはどうでしょうか。

決められない人は、ついていくべきリーダーを自分で選ぶことができません。こうしてついていくべき人を間違えてしまうのです。

「ついていくべきリーダー」の見極め方、教えます

ついていくべきリーダーが見つけづらい一番の理由は、多くの人がついていくべきリーダーの見極め方を知らないことです。

もちろん学校では教えてくれません。

現代の社会にも優れたリーダーは大勢います。

経済界でいえば、企業再生で手腕を振るう稲盛和夫さん、３００年企業を目指すソフトバンクの孫正義さん。スポーツ界では、勝てるチーム作りができるエディ・ジョーンズ元ラグビー日本代表ヘッドコーチ、箱根駅伝で四連覇を成し遂げた青山学院大学・原晋監督、先のサッカーワールドカップで日本代表を決勝トーナメントへと導いた西野朗元監督……。

もちろん、あなたのまわりにも優秀なリーダーがいるはずです。

もし「そのような人はいない」ということでしたら、本書を参考についていくべきリーダーを探してみてください。

いまあなたについていくべきリーダーがいないのは、ひょっとするとあなたがついていくべきリーダーを見極める秘訣を知らないからかもしれません。

でも、安心してください。

次章から、ついていくべきリーダーを見極めるポイントを、一つひとつ丁寧に説明していきます。

それらは、いまのリーダーがついていくべきリーダーか、それともついていってはいけないリーダーか、判断する材料にもなります。

あなた自身の目で「ついていくべきリーダー」を見つけて、いまよりもずっとすばらしい人生を生きてください。

ついていくべきリーダーは、あなたの長所をうまく引き出し、一人の人間として大きく成長させてくれることでしょう。

第2章

仕事に向き合っているか？

001

即断即決できるか？

あなたのリーダーは決められる人ですか、決められない人ですか。

上司に対する不満でトップに来る一つが「決められないこと」です。

決められないリーダーは、意思決定はリーダーにしかできないことを知らないのでしょうか。それとも単なる職務怠慢？ あるいは、もしものときのリスクを負いたくないから？

いずれにしろ、決定権を握っているのはリーダーしかいません。

部下からの提案に対して、良い悪いの判断をできないリーダーは、リーダーとしての存在価値はありません。なぜなら、リーダーが決断をして方向性を決めてあげないと、部下は仕事が進められないからです。

ところが、そこをわかっていないリーダーが世の中には大勢いるようです。

部下からあがってきた企画が不十分なら、そのことを伝えて課題を与えればいい。

自分の一存では決められない案件なら、すぐに上に企画をあげて判断を求めればいい。

決断を先延ばしにする理由はどこにも見当たりません。

でも、決められないリーダーは決められないのですよね。

もちろん、そのようなリーダーについていくのはやめましょう。時間の無駄です。

ついていくべきリーダーは意思決定ができる人です。しかも、決断が早い。

リーダーの決断が早いと、部下も仕事をスムーズに進められるので、成果も出しやすくなります。

決断の早いリーダーは、万が一のときに全責任を負う覚悟があります。仮にうまくいかなかったとしても全力でサポートしてくれることでしょう。

CHECK!
001

決断スピードが早いことが良いリーダーの第一条件

002

判断・選択の質が高いか？

意思決定の早いリーダーほど、判断の質や選択の質も高いものです。

あなたのリーダーはどうですか？

決められないは問題外。すぐに決められて、なおかつ質の高い判断や選択ができる人がついていくべきリーダーです。

リーダーの判断や選択の質は、これまでに手掛けてきたプロジェクトの結果や成果を見ればわかります。

過去にどれだけの成果を出してきたのか。そこを見れば、この先にどのぐらいの成功をおさめるか、ある程度予測できるでしょう。

もっともそれ以前に、普段接していて、自分のリーダーが「使えるリーダー」なのか「使えないリーダー」なのか、うすうす気づいていることでしょう。

これまでに何度かヒットを出してきたリーダーは、将来、大ヒットを放つ可能性があります。

一方で、これまでにヒットをほとんど出していない、凡打ばかりのリーダーは、この先も大ヒットを望むのは難しいかもしれません。

すぐに決められない、決めても質が低い。

そのようなリーダーについていっても、あなたが期待するような成果は得られないでしょう。ついていくのは危険です。

CHECK!
002

リーダーの判断や選択の質が低いと チームは窮地に陥ってしまう

003 □

咀嚼能力、抽出能力が高いか？

物事を噛み砕いて自分のものにできる人と、表面的にしか見られない人がいます。たとえば街中で広告を見たときに、咀嚼《そしゃく》できる人は「このキャッチコピーはいいな。うまくアレンジすればうちの商品でも使えそうだ」などと、直接関係のないことからアイデアやヒントを得ます。ところが物事を表面的にしか見られない人は、「ああ、新しい商品が出たんだ。今度試してみたいな」程度で終わってしまいます。

物事を咀嚼して自分のものにできる人にとって、目にするものすべてがアイデアやヒントの源です。特にゼロから何かを生み出しているわけではありません。すでにあるものからエッセンスを抽出して、新たな価値を生み出しているのです。

咀嚼能力、抽出能力が高いリーダーと一緒に行動すると、いろいろなことに気づかされます。たくさんの発見があります。

咀嚼できるリーダーとできないリーダー、どちらがついていくべきリーダーにふさわしいかは、言うまでもないでしょう。

では、両者の違いはどこにあるのか。

決定的な違いは、仕事に対する向き合い方です。

咀嚼力の高いリーダーは、仕事への向き合い方が半端ではありません。いつも頭のどこかで「いいものを作り出してやろう」「他とは違うサービスを提供していこう」とアンテナをビンビンに張り巡らせています。だから、仕事とは直接関係のないものからでもアイデアやヒントを発掘することができるのです。

咀嚼力の高いリーダーは、部下の良い部分を引き出すのも上手です。本人ですら気づいていない長所を誰よりも早く見つけ出し、本人にフィードバックしてくれます。ついていくべきリーダーは、部下の長所を抽出し、成長させる能力があります。

CHECK!
003

咀嚼能力、抽出能力はできるリーダーに欠かせない要素

004□

問題解決できるか？

問題が見つかったときに「チャンス」と思えるのがついていくべきリーダーです。ついていってはいけないリーダーは「問題＝ピンチ」と考えて慌てふためきます。

ついていくべきリーダーは、問題が見つかることが、成長のチャンスであることを知っています。だから問題から目を背けることはありません。正面から対峙します。

一方、ついていってはいけないリーダーは、問題＝ピンチという認識ですから、なかなか問題に向き合うことができません。できるだけ後回しにしようとします。

しかし、それよりも問題なのは、問題があることにすら気づかないリーダーです。こうしたリーダーのことを私は「不感症のリーダー」と呼んでいます。

不感症のリーダーは、人から何を言われても気づきません。気づいたとしても背を向けて見なかったことにしようとします。これまでに問題と向き合ってきた経験がないからです。

世の成功者たちは、たくさんの問題と向き合い、それらを解決してきた人たちです。ピンチはチャンスと思えるリーダーたちです。

問題が見つかると自分を責めたり、落ち込んだりする人がいますが、本当にもったいないことです。なぜなら、ピンチは人を飛躍的に成長させてくれるからです。

どんな問題であろうと、どんな危機的な状況であろうと、あきらめずにやり続ければ必ず乗り越えられます。乗り越えた先には、これまでに体験したことのないような快感が待っています。高い山に苦労して登りつめたときに味わえるような達成感です。

何か問題が起きるたびに慌てふためくリーダーにはついていってはいけません。どんな難題にも正面切って向き合えるリーダーについていきましょう。

CHECK!
004

問題をチャンスと思えるリーダーは成長スピードが圧倒的に速い

005 □

「量質転化」を実践しているか?

「最初は量をこなせ」と部下に指示をするのがついていくべきリーダーです。

最初から「効率ばかり求める」のは無能なリーダー。ついていってはいけません。

量の中にしか質は見つかりません。ついていくべきリーダーはそのことを知っています。最初から質を追求することは、たとえ天才であっても難しいでしょう。

発明王トーマス・エジソンは言っています。

「私は失敗したことがない。ただ1万通りのうまくいかない方法を見つけただけ」

あのエジソンですら、膨大な量をこなしてはじめて1つの成功を手にしています。

ましてや凡人の私たちが最初から効率を求めるなんて生意気もいいところです。どんな天才だって数百、数千とチャレンジしてようやく一あてることができてるのです。

どんなに簡単なことでも量をこなすと見えてくることがあります。

たとえば「おはようございます」という挨拶でも、千回も繰り返せば、良い「おはようございます」と良くない「おはようございます」の違いがわかってきます。

ただ、どんなに量をこなしても、質にたどり着けない人もいます。そのような人は、ただ量をやればうまくなるものと勘違いしているのです。

量をやったら、「振り返り」をしてください。

先ほどの「おはようございます」の例でいえば、今日はいい挨拶ができた。いつもとどこが違ったのだろう。逆に今日の「おはようございます」はいまひとつだった。今日はどこが悪かったのだろう。

このようにただやるだけではなく、一つひとつ丁寧に結果と原因を拾い上げて、次回に活かそうとする姿勢が大事です。このプロセスを省いてしまうと、同じ失敗を何度も繰り返すことになるでしょう。失敗から何も学んでいないからです。

CHECK!
005

良いリーダーは、自分にも、部下にも、「量の実践」と「振り返り」を要求する

006 □ 仕事が速いか？

あなたのリーダーは仕事が速いほうですか。スピード感をもって行動していますか。

「早く仕事を終わらせて、早く成果を得たい」

このように考えているのがついていくべきリーダーです。

「とにかく早く終わらせたい」

そう願っているのは、ついていってはいけないリーダーです。

ついていくべきリーダーは1日も早い成果を求めています。ただ仕事を終わらせることが目的ではなく、「成果」という名の快楽を1日も早く味わいたいのです。

それに対してついていってはいけないリーダーは、仕事を終わらせることが最大の目的で、スピードや成果はあまり重視していません。

成果という快楽を知ってしまうと、仕事が早く効率的に終えられるようになります。

ついていくべきリーダーは、そのことを知っています。

成果とは、仕事を早く進めるための原動力なのです。

逆に先延ばしに良いところはありません。成果が得られるまでに時間がかかりすぎて、人も組織も疲弊してしまうからです。

私たちの研修が、基本２泊３日で完結するようプログラムされているのもそのためです。ある目標に向かってフルに活動し、すぐに結果を出す。仮に目標には届かなかったとしても、ある一定の成果を出すことができる。

早く行動して、早く結果を出し、脳に「成果」という快感を記憶させる。

このプロセスが大事なのです。

10の成果よりも１００の成果。１００の成果よりも１０００の成果。

より多くの成果を求めるリーダーほど、仕事はスピーディーなのです。

CHECK!
006

仕事が遅いリーダーは、チームのスピードも損ねてしまう

007 □
すぐ動けるか?

2016年4月に発生した熊本地震。あのとき私は、震災2日目に会社のある宇都宮を出発し、それから熊本までの3日間、不眠不休で車を走らせました。

「できるだけ早く現地に行って、できるだけ多くの人の手助けをしたい」

そのような想いで車に積めるだけの救援物資を積めて現地へ向かったのです。

あのときに気づいたのが「意外とみんなの動きが遅い」ということ。あれほどの大災害ですから、もっと全国から救援に駆け付けている人がいるものと想像していたのですが実際はそうではありませんでした。

救援物資やボランティアの数が増え始めたのはゴールデンウィークに入るか入らないかのころからでした。おそらく多くの人が、現地の状況を見極め、安全と判断してから現地へと向かったのでしょう。

しかし、困っている人がいたら、すぐに助けに向かう。

これこそ、ついていくべきリーダーの姿です。

災害時だけに限らず、何かトラブルが起こったら、真っ先に動いて対処する。ビジネスチャンスが目の前にあったら、すぐ動いてまずは試してみる――。

このように、すぐに動ける俊敏性も、ついていくべきリーダーには欠かせない要素の一つなのです。

CHECK!
007

すぐに動けない鈍いリーダーが、組織・チームをダメにする

008

波・タイミングを見極めているか？

あなたのリーダーは、世の中の流れを的確に捉えてビジネスを展開していますか。勝負どころと、静観するところを見誤ったりしてはいませんか。

ついていくべきリーダーは、時代の波を読んだり、勝負に出るタイミングを見極めるのが得意です。それはまるで百戦錬磨の戦国の名将のようです。

たとえば私のいる人材教育業界では、いままさにビッグバンが起きようとしています。その発端となったのが、70年ぶりとなる労働基準法の大改革です。

これまでにずっと変わることのなかったことが、いま大きく変わろうとしている。

私は、この大改革を100年に一度の大チャンスと捉えています。

こうしたチャンスを自分の事業にどう関連付けていくか、どうビジネスチャンスに結び付けていくか。リーダーの手腕が問われるところです。

逆に経済や業界が低迷しているときは、冷静にいまの状況を受け入れ、好機を待つ。リーダーには、こうした忍耐力も要求されます。

どのような状況にあっても、いつも同じように振る舞うのは、ついていってはいけないリーダーです。

すぐ動くことは先ほどお伝えしたように大切ですが、ときには状況を見て、波やタイミングを見極めることも必要なのです。

ついていくべきリーダーは、低迷している時期を「学習のとき」「アイデアを練るとき」などと考え、来るべき好機に備えて準備をします。

普段から準備をしておかなければ、いざチャンスが訪れても、それを活かすことはできないでしょう。

CHECK!
008

波やタイミングを見極められないリーダーは、チャンスを活かしきれない

009 □

メリハリがあるか？

ついていくべきリーダーは、日常の業務においてもメリハリをつけるのがうまい。優先順位がはっきりしているので、早くやるべき仕事とそうでない仕事の区別が明確です。

リーダーがそれだから、指示を受ける部下もメリハリのある仕事ができます。部下への伝達もタイミングを見計らってくれるので、指示は伝わりやすいし、何より受け入れやすい。そのようなリーダーは人望も厚いでしょう。

CHECK!
009

メリハリがないリーダーは、メンバーを疲弊させてしまう

010□

仕事を楽しんでいるか?

仕事を心から楽しんでいるリーダーがいます。

一方で、いつもつまらなそうな顔をしているリーダーがいます。

どちらのリーダーについていけばよいかは明快です。

楽しそうに仕事をしているリーダーについていきましょう。

仕事を楽しんでいるリーダーは、四六時中、仕事のことばかり考えています。部下からすると「よく、あそこまでストイックに働けるよな」と半ば感心し、半ばあきれもします。ところがほとんどのリーダーにその自覚がありません。

なぜなら、仕事が楽しくて仕方がないからです。

だからといって仕事のことを深刻に考えているわけではありません。深刻ではないけれども、つねに真剣に向き合っている。その様子は、遊びに夢中になっている子どものようです。深刻にではなく、真剣に仕事に向き合う。

もちろん遊びとは違い、仕事としての成果を求めています。だから、一切、妥協はしません。ただし、成果は求めているけれども、完璧を目指しているわけでもありません。だから深刻にならずにすむのです。

完璧を目指していたら深刻にもなりますし、深刻になれば仕事が面白くなくなることだってあるでしょう。そうした悪循環に陥らない術を、ついていくべきリーダーは自然と身に付けているのです。

「この世の中に仕事ほど面白い遊びはない」

あなたのリーダーがそう言い切れる人だとしたら、ついていって間違いはないでしょう。仕事は、私たちを成長させ、感動を与え、なおかつ社会に貢献できる最高の遊び場なのですから。

CHECK!
010

リーダーが仕事を楽しんでいないとメンバーも楽しめない

第3章

時間とお金を何に使っているか？

011□

時間とお金を何に使っているか？

あなたのリーダーは、何に時間とお金を使っていますか。

時間とお金の使い方には、その人の生き方や価値観が現れます。

口では「このプロジェクトを絶対に成功させましょう」と言っているのに、そのために時間やお金を使っている様子が感じられない。

ふだん話してくれるのは、趣味や遊びの話ばかりで、本当に「成功させたい」と願っているのか疑ってしまいたくなる。

もしあなたの上司がこのようなタイプだとしたら、それはついていってはいけないリーダーです。

限りある人生において、時間とお金は非常に重要なものです。命にさえかかわる大切なエネルギーです。

ついていくべきリーダーはそのことをよく理解しているので、夢や願望を実現するためなら時間とお金を惜しみません。

これまでに私の本を何冊もプロデュースしてくれている編集者のNさんは、本を売ることにたくさんの時間とお金を注ぎ込んでいます。命をかけているといってもいいぐらい、本を作る、本を売ることに精力を傾けています。だから私は安心してNさんにまかせられます。

あなたのリーダーは、何に時間とお金を使っていますか。時間とお金の使い方を見れば、あなたのリーダーの仕事に対する向き合い方もわかります。

もし時間やお金の使い方に共感できないようなら、それはついていってはいけないリーダーです。

CHECK!
011

時間とお金を何に使っているかに、そのリーダーの大事にしているものが現れる

012□

優先順位が明確か？

ついていくべきリーダーは、優先順位がはっきりとしています。いまやるべきことがわかっているので、その言動にはブレがありません。めったにブレないので部下たちも安心してついていくことができます。

ついていってはいけないリーダーは、優先順位が曖昧で、「昨日と今日で話が違う」というのは日常茶飯事です。

仕事を頼まれた部下たちが、「いったいどっちを優先して進めたらいいの？」と頭を悩ませることもしばしばです。しかも、優先順位が明確でないリーダーは、そのことに気がつきません。目の前のことしか見ていないからです。

ついていくべきリーダーは、目標やビジョンを持ち、それにしたがって優先順位を決めています。

また、自分が何を一番欲しているのかを熟知していて、それを満たせるように日々の計画を立てています。そのおかげで高いモチベーションを維持し、最良のパフォーマンスを発揮することができるのです。

私たちは食欲、物欲、金銭欲、出世欲、成長欲、名誉欲、睡眠欲、性欲など、さまざまな欲求を持っています。

ついていくべきリーダーは、これらの欲求に関しても優先順位が明確です。

たとえば、食欲が一番だとしたら、仕事がどれだけ忙しくても、1日に1回はおいしい食事を摂って自分を満足させるようにしている。たとえば、睡眠欲が一番だとしたら、何をおいても睡眠時間だけはしっかりと確保するようにしている。

こうして常に最高の状態でいられるよう自分をコントロールしているのです。

CHECK!
012

「優先順位」が明確じゃないとメンバーも混乱してしまう

013 □ 大事なことに集中しているか？

どうでもいいことを一生懸命に話すリーダーがいます。

聞いているほうは「そんな話はどうでもいいから、早く本題に入ってくれ」とイラついているのに、当人は気が付きません。それどころかさらにヒートアップしてしまうことさえあります。

最優先で進めるべきことがあるのに、「もう始めてしまったから」と、重要じゃない仕事をやり続ける人がいます。

あなたのリーダーは、大事なことに集中できていますか。大事なことと、そうでないことをしっかりと分けて考えていますか。

ついていくべきリーダーは、

「本当に大事なことだけを大事にしたい」「その他のどうでもいいことで自分や他

人を悩ませたくない」といつも考えて行動しています。

だから、どんなときでもいま一番大事なことに集中し、どうでもいいことでまわりの人を困らせるようなことはありません。

大事なメールやＳＮＳには即レスしますが、そうでないものには返事をしません。

大事な人との時間は大切にしますが、そうでない人とは関わろうとしません。

人から意見や感想を求められたとき、大事なことは真剣に向き合いますが、そうでないものは「どっちでもいいんじゃない」の一言で片づけてしまいます。

1年も経てば忘れてしまうこと、あるいは笑い話になってしまうこと、それらはたいていどうでもいいことです。

どうでもいいことに、いつまでもこだわっているリーダーにはついていってはいけません。大事な時間とエネルギーを奪い取られてしまいます。

CHECK!
013

どうでもいいことに、時間とエネルギーを使わない

014□

選択肢を減らしているか？

選択肢が多すぎると、どうでもいいことに頭を悩ませることになります。

たとえばものがそうです。

ものを持ちすぎていると、何かあるたびに「どれにしようか」と選択しなければなりません。その一つひとつは大きな選択ではありませんが、小さな選択でも数が増えればそれなりの時間とエネルギーが必要です。

その点、必要最低限のものしか持っていなければ、その都度、選ぶ必要はなくなり、余った時間とエネルギーを大事なことに注ぎ込めるようになります。

また、数多いどうでもいいことを捨てていくと、自然と物事の優先順位がはっきりしてきますし、さらに捨て続けていけば選択する必要すらなくなります。

世界を代表する成功者たち、アップルの故スティーブ・ジョブズ氏やフェイスブックのマーク・ザッカーバーグ氏らは、毎日、同じような服を着ています。きっと彼らにとっては、毎朝の服選びでエネルギーを消費するより、やりたい事業にエネルギーを集中させることが大事なのでしょう。

どうでもいいことで時間やエネルギーを浪費せず、大事なことだけに集中させる。そんな彼らのポリシーがあのファッションに現れているのではないでしょうか。

あなたのリーダーはものを持ちすぎてはいないでしょうか。

デスクの上がものであふれかえっていたり、鞄の中が仕事道具やら何やらでいっぱいになっていたりはしませんか。

ついていくべきリーダーは、本当に必要なものだけを残して、あとのどうでもいいことはきっぱりと捨て去ることができます。たくさんのものに囲まれて過ごすことよりも、大切なことがあるとわかっているからです。

CHECK!
014

選択肢を増やしすぎると、時間とエネルギーが奪われる

015□

不感症じゃないか?

あなたのリーダーは直感が鋭いほうですか。

人よりも感覚が研ぎ澄まされていますか。

リーダーの発言や行動に「さすが、リーダー」と感心させられる瞬間はありますか。

ついていくべきリーダーは、直感に優れ、感覚も研ぎ澄まされています。

「うちのリーダーは、いつも気づくのが遅いんだよね」

「うちのリーダーって感性が鈍くない?」

こうした感覚の鈍いリーダーについていってはいけません。自分をあきらめてしまっているからです。

「自分に興味がある」

「自分に期待している」

「自分の人生をいまよりももっとすばらしいものにしたい」

こうした想いを持ち続けていると、私たちの感覚は自然と磨かれていきます。

逆に自分に興味を持てない、あるいは自分に期待していないと感覚は鈍る一方です。

飢えたチーターとお腹がいっぱいのチーターがいるとします。どちらが周囲や獲物に対する感覚に優れているでしょうか。もちろん飢えたチーターです。

「お金が欲しい」という人は大勢いますが、心の底から欲しいと願っている人はどのぐらいいるのでしょうか。お金のことを口にする人たちは、死ぬ気になって、生活や行動を変えてまでもお金を欲しいと思っているのでしょうか。

おそらくほとんどの人が「お金が取れたらいいなー」ぐらいにしか考えていないでしょう。残念ながら、それでは人並み以上にお金を稼ぐのは難しいです。

本気にならないと、人間の感覚は研ぎ澄まされないからです。

ついていくべきリーダーはいつも何かを求めています。

常にハングリーです。

ハングリーでいるからこそ、感覚は研ぎ澄まされ、直感力も冴えわたります。

満足しないことが人生の基本。
ついていくべきリーダーは、そのことに気づいているのです。

CHECK!
015

直感や感性が鈍いリーダーに
ついていくのはキケン

第4章

かっこいいか?

016□

尊敬できるか?

あなたのリーダーはかっこいいですか。

生き方に共感できますか。

一人の人間として尊敬できますか。

ついていくべきリーダーは、やはりかっこいい生き方をしているものです。

一緒に仕事をしていて、

「この人のためならがんばれる」

「ずっと一緒に仕事をしていきたい」

「自分もあんなふうに生きてみたい」

とやる気を高めてくれるのがついていくべきリーダーです。

逆に「絶対にこの人のようにはなりたくない」とか「この人と一緒にいるとテンショ

ンが下がる」のは、ついていってはいけないリーダーです。

一人の人間として憧れ、尊敬し、共感できるのが、ついていくべきリーダーの条件と言えるでしょう。

尊敬できない、共感できないリーダーには、もし「ついて来い」と言われてもその気にはなれません。もし、あなたのリーダーがそのような存在だとしたら、反面教師にさせてもらいましょう。

CHECK!
016

「この人みたいになりたい」というリーダーが
あなたにとって最高のリーダー

017□

愚痴や文句を言わないか？

口にするのは誰かの文句や愚痴ばかり。

会社に不満があるなら、直接上層部に訴えたらいいのに……。

愚痴や文句が多いリーダーは、何かを変えるために自分から率先して動こうとはしません。行動しない代わりに、愚痴や文句を言い続けます。

だから、ついていってはいけません。

まれに不平や不満でつながった集団を目にすることがありますが、そうした集団がうまくいくわけがありません。そもそも不平や不満でしかつながれないこと自体がおかしいのです。

注意してほしいのは、こうした悪癖が伝染しやすいことです。

愚痴や文句が多いリーダーやその集団とは一定の距離を置きましょう。そこにあなたを成長させてくれる要素はありません。

ついていくべきリーダーは、まず愚痴や文句を口にしません。


不平や不満を感じていないわけではないでしょう。人一倍気がつくリーダーですから、いまの状況を認識はしているものの、それを愚痴や文句として口にしていないだけ。このままではいけないと感じ、改善の機会をうかがっているはずです。

現状維持を良しとしているリーダーにも注意が必要です。

「現状維持」は、耳障りのいい言葉ですが、裏を返してみれば「今がマックス」という意味。いまが最高だとしたら、この先は落ちていくばかりです。そのような考えのリーダーについていっても今よりも良くなることはないでしょう。


CHECK!

017

愚痴や文句に、成長のタネはない

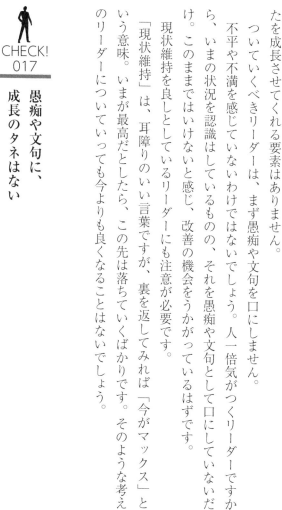

018□

人のせいにしないか?

「あとは君に任せるよ」と言っておきながら、うまくいかなかったら人のせいにする。仕事を丸投げした自分にも、責任の一端があるとは少しも思っていない。

それどころか「だから言っただろう」とか「なんで早く私に相談しないんだ」と自分にはまったく責任がないかのように振る舞う。

こうした、部下の失敗やトラブルを人のせいにしようとするリーダーには、ついていってはいけません。仮に部下の独断でしたことが原因だったとしても、それを含めて責任をかぶろうとするのがリーダーたるものでしょう。

何でも人のせいにしようとするリーダーには、リーダーとしての自覚が欠けています。リーダーとしての責任感や自覚を持っていない人についていってもよいことはありません。それこそ「失敗は部下のせい、成功はリーダーのおかげ」といいとこどりされてしまうのがオチでしょう。

同じように、言い訳が多いリーダーも要注意です。

こうしたタイプのリーダーは、繰り返し同じような対応を取ります。

なぜかといえば、いつも人のあら捜しばかりをしているからです。人の良い部分よりも悪い部分を見つけることに時間とエネルギーを使っているからです。

まわりの人はそのことに気づき、いつ自分に火の粉が降りかかってこないかと戦々恐々としています。これでは、チームの生産性は上がりません。

ついていくべきリーダーは、リーダーとしての自覚と責任をわきまえています。部下が問題を起こしたらしっかりと叱り、フォローすべきところはフォローする。

決して部下だけのせいにはしません。

だから、部下たちも安心して新しい仕事にチャレンジすることができるのです。


CHECK!

018

メンバーの責任を取るのが、リーダーの大切な仕事

019

メンタルは強いか？

リーダーは、ときに厳しい局面に立たされることがあります。そのようなときに真っ先にリーダーの心が折れてしまったらどうでしょうか。

厳しいときだからこそ、リーダーのメンタルの強さが試されます。

普段は偉そうにしているのに、いざとなったとき腰が引けてしまう。部下には厳しいくせに、自分の上司にははっきりとものが言えない。

メンタルの弱い、ついていってはいけないリーダーです。

ついていくべきリーダーはメンタルが強い。これまでにいくつもの困難や壁を乗り越えてきたから、メンタルが鍛えられています。

メンタルは、修羅場をくぐりぬけることではじめて鍛えられます。

身体と同じように、自分の限界値を次々と塗り替えていくことでしか強くすることはできないのです。きついから、苦しいからといって、途中であきらめてしまうようでは強くなれません。

そんなリーダーといえど、一人では乗り越えられそうにない困難にぶつかることもあります。そんなときにたった一人でもいいから、自分のことを心から理解してくれている人が近くにいる。そんなリーダーは本当に強い。

強いメンタルを持ったリーダーのそばには、よき理解者がいるものです。それはパートナーであったり、家族であったり、親友であったり、恩師であったり、メンターだったり、いろいろです。

あなたのリーダーはメンタルの強い人ですか、どんなことがあってもそばにいて支えてくれる人はいますか。

CHECK!
019

修羅場やトラブルでの振る舞いで
リーダーのメンタルの強さがわかる

020

過去ではなく未来に執着しているか？

あなたのリーダーは未来と過去、どちらに執着していますか？

ついていくべきリーダーは未来に執着し、将来のビジョンや夢を語ります。

ついていってはいけないリーダーは過去のこだわり、過去の自慢話や武勇伝ばかりを語りたがります。

今よりも1分先の世界、3分先の世界、5分先の世界――。いつも未来のことを考え行動しているのがついていくべきリーダーです。

ソフトバンクの孫正義さんは、３００年後の未来を見据えて事業に取り組んでいるといいます。そこまではいかなくとも、リーダーはまわりの人たちに過去よりも未来を見せられる人であってほしい。

人はどうしても過去にばかり目を向けてしまいます。

過去の栄光、過去の失敗。良いこと悪いことに関係なく、多くの人が過去に引きずられて生きています。

成長し続けるリーダーほど、過去のことは忘れているものです。過去よりもこれから先のことに意識が向いています。

もちろん過去も大事です。私やあなたという人間を形づくってくれた歴史ですから、捨て去ることはできません。

ただ、過去を振り返るのはときどきでいい。必要なときだけでいいのです。

CHECK!
020

できるリーダーは、過去ではなく、未来に目を向ける

021 □

与えているか？

仕事を教えてくれない。聞くと面倒くさそうな顔をされる。「いまは忙しいからあとで」といっていつも後回しにされる。

ついていってはいけないリーダーは、人に何かを教えることや情報を共有することを嫌ったり、面倒くさがったりします。

「仕事は見て覚えるもの」と昔ながらの考えが染み付いているのもこのタイプです。

ついていくべきリーダーは、自分が知っている知識やノウハウを惜しげもなく与えてくれます。教えることがその人の成長につながり、なおかつ自分の中でも情報が整理され、新しい情報が入ってきやすくなることを知っています。

誰かに教えたことはもう覚えておく必要がありません。他人とシェアすることで共有化できているからです。

もし忘れてしまったとしても誰かに教えてもらえばいいだけです。

誰にも教えずに自分の中だけにとどめておくと、どれだけ有益な情報であっても広がっていきませんし、万が一忘れてしまったらそれっきりです。

人によっては「自分の考えた企画やアイデアは人には話さない。誰かに話すとすぐにまねされてしまうから」とシェアすることを嫌う人もいます。

たしかにそうした側面もありますが、シェアすることによるメリットのほうがずっと大きいはずです。

情報は発信したら発信した分だけのリターンがあります。自ら新しい情報を発信していかないと、入ってくる情報も減ってしまいます。

CHECK!
021

一流のリーダーは、与えて、与えて、与えまくる

第5章

人間を熟知しているか？

022□

人間を熟知しているか?

人は何をされるとうれしいのか。何をされると不快に感じるのか。

ついていくべきリーダーは人間の本質をわかっています。たとえ自分の部下であっても迷惑をかけたら謝る。何かしてもらったらお礼を言う。成果をあげたときはみんなの前でほめる。失敗したときは人前ではなく、他の人のいないところで叱る。

どれも相手のことを考えれば当たり前の行為です。

ところが、ついていってはいけないリーダーは、それとは逆のことをします。謝らない。ほめない。感謝の言葉を口にしない。そのくせ何か問題を起こしたときは、みんなの前で厳しく叱る。

ついていってはいけないリーダーが、このような態度をとるのは、人間というものがどういうものなのかわかっていないからです。

CHECK!
022

人間のことを知らないリーダーから、得られるものは少ない

人間を知る方法は色々あります。特に歴史や宗教からは多くのことを学ぶことができます。歴史はこの後取り上げますので、ここでは宗教について簡単にお話しします。宗教というと即座に「信仰」が思い浮かぶかもしれませんが、必ずしもそうではありません。私はキリスト教、イスラム教、仏教を勉強してきて、信仰よりも、人に与えること、ギブすることの大切さを教えられました。

人を知るということは、結局のところ、与えること、ギブすることなのです。

ついていくべきリーダーは、与えることの大切さを知っている人です。だから相手を裁くのではなく、許す、受け入れる。

ついていってはいけないリーダーは、ギブはせずにテイクばかりを求める人です。人に与えることができない人は人間を知らない人です。決して、ついていってはいけません。見返りばかりを求められ、得られるものはほとんどないはずです。

023 □

人間の弱さ、気高さを知っているか？

きれいな女性に弱かったり、うまい儲け話に乗ってしまったり、地位や名誉に貪欲だったり……。私が言うのもおこがましいのですが、人間って本当にくだらない、未熟で弱い生き物です。

でも、それでいて崇高《すうこう》なところがある。

いざとなったら、自分の命を捨ててでも誰かを守ろうとする。少し前の映画になりますが『アルマゲドン』に、そんな人間が持つ気高さが描かれていました。

あなたのリーダーは、人間の持つ弱さや崇高さを知っていますか。

人間は弱くて未熟だからこそ、集まり、お互いの穴を埋めようとする。それが集団であり、組織であり、社会というものです。

ついていくべきリーダーは、人間の弱さを知っています。だから、どんな人でもいったんすべてを受け入れます。たとえマイナス面ばかりが目についても、そのことを裁くのではなく、許して受け入れるのです。

世の中の多くの人が、基本、自分はダメだと思っています。でも、そのようなことはありません。どんな人も良いところと悪いところの両方を持っています。

自分の中の良い部分に気づけると、自分に対する意識が変わります。いまよりももっと良くなりたいという気持ちが自然と湧き上がってきます。

しかし、人の弱点ばかりを指摘し、良い部分を見ようとしないリーダーがいます。そのようなリーダーにはついていってはいけません。

人を許し、受け入れることのできない人間にリーダーは務まりません。人間は誰でも未熟なんです。そのことに気づいていればもっと人を許せるようになるはずです。

CHECK!
023

弱さ、未熟さを受け入れられるリーダーこそ、本当に良いリーダー

024

多様性・柔軟性があるか？

あなたのリーダーは好き嫌いが激しいですか。何でも自分のやり方を押し付けようとはしませんか。これまでのやり方に意味もなく固執したりはしていませんか。だとしたら、それはついていってはいけないリーダーです。

これからの時代、いままで以上に多様性や柔軟性が求められます。

物事を好きか嫌いか、良いか悪いか、善か悪かのどちらか一方で考えていたら、時代の変化についていけません。どちらか一方に決めることで考えが偏り、選択の幅や判断の質を落としてしまいます。

「この先、生き残っていくのは、最も強い者でもなく、賢い者でもない。生き残るのは変化できる者である」と言われますが、私も同感です。

ついていくべきリーダーは、物事の多様性を認め、柔軟性をもって見られる人です。

「携帯電話やスマホができて人間はダメになった」ではなく、「ＩＴのおかげで私たちの生活は激変した。すぐに欲しい情報が手に入るようになったし、買い物だってできる」などと可能性をもって物事を受け入れることができる。

ところがついていってはいけないリーダーは、善か悪かで判断し、それで終わりにしてしまいます。

こうしたリーダーは、人に対しても同じことをします。

「あいつの顔が嫌いだ」「あいつの言葉遣いが嫌だ」「あいつは仕事ができない」などと一方的に決めつけてしまうのです。その人の悪いところではなく、良いところに目を向ければ、見え方が変わってくることを知らないのです。

そもそも人間的な度量が小さい人はリーダーには向いていません。ついていくのはやめましょう。

CHECK!
024

器の大きいリーダーは、物事の多様性を認め、柔軟である

025 □ 人間を目利きできるか?

人を表面だけで判断するリーダーには、ついていってはいけません。

マスコミで有名人やタレントがちょっと叩かれると、それみたことかとばかりに、「あいつはダメだ」「信用できない」「私は前からそう思っていたんだ」と全否定。

「一度も会ったことのない人のことをどうしてそこまで悪く言えるの」とまわりの人はあきれるばかりですが、本人はそんなことお構いなし。

こうした人は、他人にダメ出しをして自分を高く見せたいだけなのです。

こんなリーダーについていったら、いつあなたがターゲットにされるかわかりません。

マスコミでどれだけ叩かれても、実際に会って話をするまではどんな人物かわからない。会ってみたらものすごくいい人かもしれない。

こう考えるのがついていくべきリーダーです。

私の友人に魚の仕入れ業を営んでいる者がいます。彼は魚の仕入れがすごくうまい。彼の仕入れてくる魚は「はずれがない」と業界では高い信頼を得ています。

魚の仕入れがうまいのは、いうまでもなく、彼が魚の目利きに長けているからです。

同じように、人を扱うリーダーは人間の目利きができないといけない。

その人の長所と短所をつかみ、長所を伸ばし、短所をサポートしていく。そんな配慮のできる人です。

私たちは、人間の住む世界で生きています。ですから、リーダーに限らず、人間の目利きができるようになると、生きるのがいまよりもうんと楽になります。

ついていってはいけないリーダーを他山の石に、人間を見る目を養いましょう。

CHECK!
025

「人間を見る目」が、リーダーに必要なスキルの一つ

026

歴史から学んでいるか？

あなたのリーダーは歴史を学んでいますか。

ついていくべきリーダーは、歴史に精通しています。歴史のサイクルを知り、今の時代にあてはめ、未来を予測することができます。

歴史上の人物に向き合うことで人間のことを深く知ることができます。

リンカーン、ナポレオン、織田信長、上杉鷹山《ようざん》……。

歴史上のある人物にフォーカスして、その人がどんなことをしてきたのか、どんな人間だったのか、どんな環境や社会の中で生きてきたのかなど、その人物にかかわるさまざまな要素を抽出し、自分とリンクする部分や共感する部分を探し出す。

一人の人間として先人達に向き合うのです。

たとえば、ある状況における上杉鷹山の対応を知り、「このときの鷹山の気持ちがわかる。きっと自分でも同じようなことをした」と思う。たとえば、織田信長の行動を追い、「たしかに信長の考えはわかるよ。でも、いまそれをやったらダメだ。もし、現代でやるならこうだよな」と話をいまに置き換えてみる。

生きた時代こそ違えど、彼らも同じ人間です。現代を生きる私たちとリンクする部分は必ずありますし、リンクしない部分は「今の時代にあてはめるとどういうことになるんだろう」とその理由を読み解くことができます。

歴史を学び直すことで、人間を知り、深く理解して、自分の人間力を高めていく。歴史から生きるためのヒントをもらう。

ついていくべきリーダーは、歴史を学ぶことの大切さを知っています。

CHECK!
026

できるリーダーは、歴史を学び人間力を高めている

第6章

自分と向き合っているか？

027 □

自分と向き合っているか？

あなたのリーダーは、自分と向き合ってきた人ですか。

自分自身のことをどのぐらい知っていますか。

もしあなたが「この人、自分のことが全然わかっていない」と思っているとしたら、それはついていってはいけないリーダーです。

自分のことがわからないリーダーは、他人のこともわかりません。

いや、そもそも人間というものが少しもわかっていないのかもしれません。

自分のことがわからないのは、これまでに自分と向き合ってこなかった証拠です。

何十年にもわたり、何となく自分という人間と付き合ってきたのでしょう。

ついていくべきリーダーは、自分と真剣に向き合ってきた人です。

自分にはどのような長所と短所があり、どのような癖を持っているか。何が好きか、何が嫌いか。どんなことに夢中になるか。何に興味があるか。困難にぶち当たったときに自分はどのように考え、どのように行動するかなど、自分にまつわることを誰よりもよく知っています。

自分と真剣に向き合ったことがない人は、本当の意味で人を導いていくことはできないでしょう。著名な経営者の方々の自伝や評伝を読むとそのことがわかります。みなさん、自分あるいは他人と向き合って生きています。

他人のことがわからないのも同じです。他人と向き合うことを避けてきたのです。自分を含めて人と向き合うのは面倒ですが、表面的な付き合いだけではどうしても限界があります。しっかりと向き合ってみて「ああ、この人にはこんなところがあったんだ。意外」とか「この人とはうまくやっていけそうだな」とはじめて気づくことがあります。このようにしてお互いのことを理解し合っていくのです。

ある人のことを知りたいとき、私たちはその人に質問を投げかけます。出身地、趣味、好きなものや嫌いなもの……。

要するにヒアリングです。ヒアリングを通じて、その人がどんな人物なのかを少しずつ理解していきます。

ヒアリングは他人にはもちろん、自分に対しても行うことができます。自分と向き合っている人は、自分に対してヒアリングをします。

何が好きか嫌いか。何が得意か不得意か。どんなときにモチベーションが上がるか、逆にやる気が下がるか……。

自分で自分に取材をすることで、自分に関する知識と理解を深めていくのです。

ついていってはいけないリーダーは自分を知りません。わかろうとしていません。

だから、身のほど知らずな言動をしたり、傍若無人な態度をとって、周囲の人を困らせます。

CHECK!
027

自分と向き合った経験がない人は、リーダーとしての厚みがない

028 □

自分の歴史を知っているか?

ついていくべきリーダーは、自分の歴史を知ることの大切さを知っています。

誰かを深く知りたいときは、その人の歴史を紐解くのが早道です。

どこで生まれ、どんな環境で育ち、誰と出会い、何をしてきたのか、その歴史を追っていくことで、その人のことを深く理解します。

それは世界の偉人だけに限りません。自分のことを深く知りたいときは、生い立ちから、これまでの出来事を一つひとつ丁寧に追っていくのです。

歴史とはいっても、他でもない自分の歴史ですから、誰でも多かれ少なかれこれまでのことは記憶しているでしょう。

しかし、記憶しているだけでは、ただの思い出です。

ついていくべきリーダーは、自分の歴史を振り返ることで、自身の行動や思考や感情のパターンを探り出します。

「うまくいくときは、いつも○○○のようなことをしている。逆にうまくいかないときは×××のようなことをしている」

「自分は△△△のようなときに本来の力を発揮し、□□□のようなときは十分に実力を出せないらしい」

「自分はもともと○○○が好きだった。それはずっと変わっていない。いまも○○○するときが一番楽しいし、時間を忘れて夢中になれる」

あなたのリーダーは、自分の歴史を知っていますか。歴史の重要性に気づいていないリーダーは、トラブルが起こっても、その原因を追求しようとはしません。たいていは「今回はダメだったけど次はがんばろう」で片づけてしまいます。失敗や問題は精神論では解決できません。過去から学ぼうとしない人に成長はないのです。

CHECK!
028

自分の歴史を知り尽くしている人は、少々のことではブレない

029□

自分の興奮ポイントを知っているか?

あなたは知っていますか?

自分が何に興奮し、どんなときにすべてを忘れてしまうほど夢中になれるのか。

どのスイッチを押すと、自分の中のブースターがオンになり、最高のパフォーマンスを発揮できるようになるのか。

ついていくべきリーダーは、自分の興奮ポイントを知っています。

自分と向き合い続けてきたので、自分の扱い方を熟知しているのです。

どのような条件をそろえれば、自分が力を発揮するかを知っています。どこを強化すれば自分が成長できるのか、自分の伸ばし方を知っています。

自分の扱い方に長けているのです。

自分のことがわかっていないリーダーは、自分をコントロールする術を持ちません。

そのときの気分やまわりの雰囲気に流されてしまいます。

パフォーマンスも安定しません。熱くなることもほとんどありません。

リーダーがこれでは、そのまわりにいる部下たちの士気が高まることはないでしょう。

CHECK!
029

一流のリーダーは、
自分で自分をモチベートできる

030 □

自分のことを熟知しているか?

自分はどうすれば人から愛してもらえるのか、信頼してもらえるのか。

人を愛することも大切ですが、人から愛されることも同じように大切です。

愛され方は、人間のタイプによって違ってきます。

誰もが同じやり方でやれば愛されるわけではありません。

ある人は甘えたほうがかわいがられるけれども、ある人は甘えると「ふざけるな」と思われてしまう、といったことがあります。

同じことをしているのに、あの人は憎めないけど、でもあいつはむかつく、といったこともあります。

大事なことは、自分という人間を知った上で振る舞うことです。

ついていくべきリーダーは自分の見せ方を知っています。だから、人から愛され、慕われ、信頼される。

見せ方とは、ブランディングです。

自分の強みを知り、相手に強くアピールする。

ついていってはいけないリーダーは自分のことがわかっていません。だから、人から愛されるどころか、反感を買うこともよくあります。

自分を熟知していないので、せっかくの長所も生かし切れていません。

「あの人、もったいないよな。あんなにすごいところがあるのに、本人は全然気づいていない」と残念がられる人です。

自分のことがわかると、自分をどう使いこなせばよいかがわかってきます。

それは自分の取り扱い説明書を手に入れたようなもの。

ついていくべきリーダーは、自分の〝取説《とりせつ》〟を持っている人なのです。

CHECK!
030

自分のことを熟知しているリーダーは、自分の強みを活かし切ることができる

031 □

自己愛があるか?

あなたのリーダーは、自己愛にあふれた人ですか。

自己愛の強い人は、どんなことがあっても自分のことをあきらめたり、見捨てたりはしません。自分のことを途中で手放してしまったら、自分が自分でなくなってしまうことがわかっているからです。

ついていくべきリーダーは、いくつになっても自己成長欲を失わず、絶えず自分の可能性を追求し続けている人です。

自己愛というと、「自分を大好きな人」とか「自分を愛している人」といった簡単な説明で片づけられることが多いのですが、その本質にあるのは「絶え間ない自己探求心」です。つねに成長し続けるという強い欲求です。

自分を探求し続ける人は、総じて自分に厳しい人です。

あなたのリーダーはどうでしょうか。

自分に厳しい人ですか。それとも甘い人ですか。

自分を愛しているからこそ、自分に課題を与えられます。

自分を愛しているからこそ、自分をもっと向上させようとします。

もし自分のことが嫌だったら、そのようなことを自分にさせるでしょうか。

人は、愛する人にはがんばってほしいと願うものです。

それは何も自分だけではなく、他人についてもそうです。

ついていくべきリーダーは愛にあふれた人です。自分を愛し、仲間を愛する。

自分や他人へ期待を失ったリーダーは、愛を手放してしまった人です。そのようなリーダーにはついていってはいけません。

愛のない世界に成果や成長は望めないでしょう。


CHECK!

031

自分にも他人にも愛がある リーダーこそ、強いリーダー

032 □

自分のパフォーマンスを最大化できるか?

あなたのリーダーは、自分を最高の状態に持っていく方法を知っていますか。ついていくべきリーダーは、何が自分にとってベストかを把握しています。

一時、大リーグのイチロー選手が、毎朝カレーを食べていることが話題になりました。実際のところどうだったのかはわかりませんが、イチロー選手にとって朝カレーは最高のパフォーマンスを引き出すための方法のひとつだったのでしょう。

何時に起きて何時に寝る。食事は何を食べる。週末は誰とどう過ごす。

ついていくべきリーダーは、自分を最高の状態に持っていくためのノウハウを持っています。たとえば、たくさん寝ないとパフォーマンスが発揮できないのなら、週末は日頃の睡眠不足を補うために少し長めに寝る。おいしいものを食べると元気が出るなら、休みの日は誰かとおいしいレストランで食事をする。

何をすればよいかは人によって違います。これといった正解はありません。いくらまわりの評価が高くても、自分に合うとは限りません。

何が自分にとってベストかは、自分をヒアリングしたり、歴史を振り返ったりすることでわかるでしょう。人から聞いた情報を一度試してみて、自分に合うようなら続ける、合わないようならすぐにやめる。これもひとつの方法です。

私の場合は、まず朝起きたら、プロテインとヨーグルトと豆乳をミキサーにかけたドリンクを飲む。食事はタンパク質が中心で白米は食べません。夜寝る前に少しだけ炭水化物を摂ります。こうしておくと翌朝の便通がいいのです。

このようにして体内のサイクルを整えます。

そのほかには、週三回のジムでトレーニング、愛犬の散歩など、自分の好きなことをして気持ちをリフレッシュしています。

CHECK!
032

いつでも最高のコンディションで臨むのが、リーダーとしての役目

033□

体の声に正直か?

朝起きて、鏡を見て、肌のつややや張りはどうか、疲れた顔をしていないか、いい表情をしているか。

ついていくべきリーダーは体の声に敏感です。

毎日、自分のコンディションを確認しています。

もし何かが足りていないと感じたら、食事を変えたり、サプリメントを摂ったり、運動をしたり、早めに休息を取るなどして、早めにメンテナンスします。

たとえば、私の場合だったら、

「おかしいな、最近ツメの伸び方が遅いな。どうしたんだろう。そういえば、最近、腸の調子もおかしい。腸がおかしいということは食べ物の問題か。それじゃあ、今日から食べ物を変えてみよう」

と自分で自分の体を診断し、すぐに処置を施します。

最近元気が出ない。疲れている。なんだかだるい。

それはエネルギーが足りていないか、身体のサイクルが乱れているからでしょう。

リーダーはつねに高いパフォーマンスが求められます。そのためには、誰よりも自分の体に関心を持ち、問題があれば、早めに手を打つ。

「最近調子が悪いんだよね」と言いながら、何もしようとしないリーダーについていってはいけません。自分の体に限らず、問題に気づいたら即解決に乗り出すのが本物のリーダーです。

食事、運動、生活習慣――ついていくべきリーダーは、いつでも最高のパフォーマンスが発揮できるよう、自身の体調管理にも余念がありません。


CHECK!

033

できるリーダーは、
自分の体に強い関心を持っている

034 □

心の声に素直か?

あなたのリーダーは、いまも挑戦し続けていますか。

自分をあきらめたりしてはいませんか。

ついていくべきリーダーは、いくつになっても自分の可能性を追求し続けます。この点でとても貪欲です。

心の声に耳を傾け、自分が何を欲しているのか把握しています。そしてその欲求に対して素直に向き合います。

だからいくつになっても挑戦し続けられるのです。

挑戦のないところに成長はありません。

成長とは、すなわち快楽あるいは幸福の追求です。

世の中には、成長した人にしか味わえない感動や喜びがあります。ついていくべきリーダーは、そのことを知っています。

人生はたった一回限り。だったら、思う存分、感動したいし、喜びたいし、いろいろな場所を訪れたり、いろいろなものを食べたり飲んだりしてみたい。

人一倍貪欲なリーダーはそう考えています。

無感動、不感症、現状維持——自分をあきらめてしまったリーダーや何に対しても興味や関心が持てなくなってしまったリーダーについていってはいけません。

その先に成長や感動、喜びはありません。

「どうせ」や「私なんか」や「つまらない」が口癖のリーダーは要注意です。


CHECK!

034

**成長や感動に貪欲なリーダーが、
あなたを成長させる**

第7章

メンバーと向き合っているか？

035 □

メンバーと向き合っているか？

あなたのリーダーは、あなたの話を真剣に聞いてくれますか。

あなたのことをどのぐらい知っていますか。あるいは知ろうとしてくれていますか。

あなたと向き合ってくれないリーダーについていくのはやめましょう。そのようなリーダーが、あなたの長所や短所を見極め、才能を引き出してくれることはないでしょう。

前に「自分と向き合ってきた人についていきましょう」という話をしました。

自分と向き合ってきた人は、自分のことをよく知っています。長所や短所はもちろん、どんなことをすれば自分の中のブースターをオンにできるのか、自分のモチベーションを最高にする「興奮ポイント」を知っています。

自分の扱い方や伸ばし方に精通しているのです。そのおかげでつねに高いパフォーマンスを発揮し、それに見合った成果をあげます。

他人に対しても同じことが言えます。

他人と向き合っている人は、相手の強みや弱み、欲しているものを知っています。だから、強いところを伸ばし、弱いところをサポートし、モチベーションを上げることができる。

あなたと向き合おうとしないリーダーは、本物のリーダーではありません。部下の成長をサポートしてくれるのもリーダーの大きな役割です。


CHECK!

035

メンバーと本気で向き合わないリーダーは信用できない

036 □ メンバーの歴史を知っているか？

私たち人間は、過去の積み重ねでできています。生まれ育った環境から、大人になるまでの過程を追っていくと、その人のことをより深く知ることができます。

ついていくべきリーダーは、相手の歴史を知ることの大切さを知っています。相手を深く知ることが、部下の成長や成功につながるとわかっているからです。

優秀な刑事が事件の犯人を割り出す際、犯人の生まれ育った場所に足を運ぶといいます。自分の目でその人物の育った土地や環境を調べ、その家族や土地の人たちに入念な聞き込みを行い、犯人像を固めていく。

自分の部下に対して、これほどの調査は必要ないでしょうが、ある程度の歴史を知っておく必要はあるでしょう。

あなたのリーダーは、あなたの歴史に関心がありますか。あなたの歴史をどのぐらい知っていますか。

部下の歴史を知ろうとしないリーダーは、部下に対する興味や愛情に欠けているのでしょう。

そのようなリーダーには、ついていってはいけません。

CHECK!
036

メンバーの歴史を知ることが
メンバーの成長につながる

037

メンバーへの愛があるか？

リーダーの部下への愛は、部下への「期待」という形で現れます。

甘やかしたり、やさしくしたりすることが愛ではありません。

ついていくべきリーダーは、将来性のある部下にほど厳しい課題を与え、それに対する成果を求めます。

もし、あなたがリーダーから何か大きな仕事を任されているとしたら、それはリーダーに愛され、期待されている証拠です。

一人ひとりの能力を見極めて、何を任せて、何を任せないか決める。

ついていくべきリーダーは、その見極めが上手です。

また、任せた仕事についてはときどき状況を確認し、必要に応じて、苦言を言ったり、アドバイスをしたり、場合によっては別の仕事に切り替えたりします。

すべてを任せっぱなしにはしません。必ず近くで部下の様子を見守っています。

大量の仕事を丸投げしてあとは知らん顔というリーダーがいるそうですが、それがリーダーの愛によるものなのか、それともただ仕事を押し付けただけなのかは、リーダーの対応を見ればわかります。

ときどき「いまどういう状況？」「困ったことがあったら相談して」などとあなたを見守ってくれているようなら心配ないでしょう。

リーダーはあなたを愛し、期待してくれています。

「まだできないの？」「早くしてよ」と成果ばかりを求められるようなら、ただ仕事をさせられているだけかもしれません。注意しましょう。

そのような愛のないリーダーは、部下を単なる駒のひとつとしてしか見ておらず、部下の成長のことまでは考えてくれていないはずです。ついていくのはやめましょう。


CHECK!

037

愛のあるリーダーは部下の成長を心から願っている

038 □ メンバーのダメなところを指摘できるか？

リーダーに叱られて落ち込んだ。ムカッときた！　仕事を辞めたくなった。誰にでも一度はそのような経験があるでしょう。

リーダーの叱責が、正しいものなのか、それとも単に怒りに任せたものなのか判断するには、リーダーが何に対して怒っているのか考えてみるとよいでしょう。

ついていくべきリーダーは、あなたの行動が、組織の目的・目標を果たすために最適なものであったかどうかで良し悪しを判断します。

話をサッカーに置き換えて考えてみるとわかりやすいかもしれません。

あなたの取った行動は、試合に勝つために最善の策だったでしょうか。それとも間違った策だったのでしょうか。

自分の行動を振り返ってみてください。

その結果、リーダーの叱責が正当なものであった場合、つまり勝つために最善の策でなかったと判断した場合には、素直に過ちを認めてリーダーの指示に従うとよいでしょう。

リーダーほど、目的・目標に対する最短ルートを知っている人間はいません。

逆にリーダーの叱責に正当性が見られないとしたら、それはあなたのリーダーがついていってはいけないリーダーである証拠です。

ついていくべきリーダーは感情に任せて叱ることはありません。声を荒げることなく冷静に、またあなたの人格を否定することなく、目的・目標に沿った正しい指摘をしてくれるはずです。

CHECK!
038

一流のリーダーは、勝利のために的確に叱る

039 □

メンバーを勝たせることができるか？

あなたのリーダーは、誰かを勝たせるために努力のできる人ですか。

それとも自分が勝つことにしか興味がない人ですか。

ついていくべきリーダーは、相手を勝たせることに強い喜びを感じられる人です。

人は成長し続けると、自身の成功だけでは満足できなくなります。自分が勝つことよりも、誰かを勝たせることにモチベーションの源泉が移っていくのです。

ついていくべきリーダーにとって、一緒にいる仲間を経済的にも社会的にも勝たせてあげることが、自分を動かす強いコマンドとなっています。

もし、仲間を勝たせることができなかったら、リーダーとしての存在価値はないとさえ考えています。

これはお客様に対してもいえることで、自社の製品によってお客様を勝たせる（成功に導く）ことができなかったら、ビジネスをする意味はないと考えています。

自分の勝ちにだけこだわっているリーダーにはついていってはいけません。

そのようなリーダーは、相手に与えることの大切さに気付いていません。ついていっても見返りばかりを求められることになるでしょう。


CHECK!

039

できるリーダーは、メンバーの成功を誰よりも喜ぶ

040□

人たらしか？

世の中には「人たらし」と呼ばれる人たちがいます。

人たらしとは、頼み上手、甘え上手、あの人から言われたら断れない、何とか力になってやろうと思う。この人と一緒にいると気分が上がる、楽しくなる。ずっと一緒にいたい。相手にこのように思われる人のことです。

人たらしになるには、相手が望んでいることを、与えて、与えて、与えまくることです。もらった相手が「えっ、そんなことまでしてくれるの」と驚いてしまうぐらい、見返りを求めずに与え続ける。

これ以外に、簡単に人たらしになる方法はないといってよいぐらいです。

もうおわかりのように、ついていくべきリーダーは人たらしです。

もちろん、誰に対してもそうかというと違います。

ついていくべきリーダーは安売りをしません。ギブに対する見返りは求めませんが、ギブし続ける意味、「なぜ、やるのか」という明確な目的を持っています。

あなたのリーダーは、相手にギブし続けられる人ですか。

ギブ&テイクができるのは普通の人。

テイクばかり求めるのは自分だけよければそれでいい、自己中心的な人。

ついていくべきリーダーはそのどちらでもありません。ギブ、ギブ、ギブとギブしまくれる人です。

私はこれまでたくさんの人にギブを繰り返してきました。すべてが良い結果につながったわけではありません。裏切られたり、恩をあだで返されたこともあります。それでもまったく後悔はしていません。本当にやってよかったと思っています。

ギブし続けてきたからこそ、得られたもの、気づいたことがあるからです。

CHECK!
040

見返りを求めず、ギブし続けられるリーダーには、身を委ねてもよい

041 □

相手の期待に全力で応えられるか?

あなたのリーダーは、上からの信頼が厚い人ですか。

上からの評価が低く、上役の悪口や文句ばかりを言ってはいませんか。

当たり前かもしれませんが、上へ行く人ほど、力のある人から信用されているものです。もちろん中には、それこそ壁に爪をめり込ませて、自力でガシガシと登っていく人もいますが、多くは上にいる者から引っ張りあげてもらいます。

人から信用・信頼してもらうためには、どうすればいいでしょうか。

それは本気で相手を勝たせることです。相手が喜ぶことを徹底してやることです。

相手を勝たせることによって信用が生まれます。一回信用がつくと、「これやってくれない? あれやってくれない?」と次から次へと頼まれるようになります。

何かを頼まれたときに素直に喜べるのが、ついていくべきリーダーです。「いや、それはちょっと……」と腰が引けてしまうリーダーについていってはいけません。

有名な言葉に「頼まれごとは試されごと」という言葉があります。

「人に何かを頼まれるということは、自分が試されているということ。その期待に応えよう、これはビックチャンスだ」

このように思えるのが、ついていくべきリーダーです。

相手の期待に応えていくうちに、だんだんと自分への信用度が増し、いつかは「そんなことまで自分にまかせてくれるのですか」というところまで上り詰める。

私は子どものころから、人に頼まれるとイヤとは言えない性格でした。それが尊敬する先輩であればなおさらです。自分がやれることはすべてやりました。

「このアイスを買ってきて」と言われたら、指定されたアイスが見つかるまで何軒もお店を探して歩きました。「見つからなかったから、違うのを買ってきた」といって代替品を差し出す仲間もいましたが、私は絶対に妥協しませんでした。

先輩が「これが食べたい」と言っているのだから、それと同じものを買ってくるのが筋だし、いくつかお店を回ればきっと見つかるはずだから、見つかるまで探し続ければいいと思ったのです。

ようやく見つけたアイスを先輩に差し出すと先輩は言いました。

「やっぱりお前は違うな」

以来、その先輩は、少しずつ私に重要な役割をまかせてくれるようになりました。

ビジネスの世界でも同じです。相手の期待に応え続ける。それが信頼を勝ち取り、上へと引っ張り上げてもらう早道です。

上から信用されていないリーダーについていく部下は不幸です。「あのリーダーの部下だろう」という目で見られてしまうからです。

あなたのリーダーは、上からの期待に応え続けていますか。頼まれごとを無下に断ったりしてはいませんか。


CHECK!

041

メンバーからの人望が厚いリーダーは、上司からの人望も厚い

042 □ 若者や異物と付き合うことも大事にしているか?

同じ物質同士がいくら混ざりあっても化学反応は起きません。

それと同じように、いつも同じ仲間と一緒にいて、同じようなことをしていたら、何も新しいものは生まれてこないでしょう。たしかに気心の知れた仲間と過ごす時間は居心地の良いものです。しかし、居心地の良い場所に未来はありません。

あなたは「茹《ゆ》でガエルの法則」という話を聞いたことがありますか。

カエルを熱いお湯に入れるとびっくりして飛び上がる。ところが常温の水に入れて、少しずつ時間をかけて温めていくと、気づかぬうちにお湯になり、茹でたカエルになってしまう、という話です。茹であがったカエルはもう飛び跳ねることはできません。

いつも同じ仲間と付き合ってばかりいると、これと同じようなことが起こります。

あなたのリーダーはどうですか。いつも同じ仲間と付き合ってはいませんか。

世代、性別、業種、国籍、興味関心など、垣根を越えた付き合いはありますか。

ついていくべきリーダーは、自分にはないものを持った人たちとの出会いを大事にしています。自分とは違う「異物」から刺激を受け、学び、成長し続けます。

リーダーにとって若手の部下たちは未熟な存在かもしれません。しかし、若手には若手にしかない魅力があります。たとえば高い吸収力や物事に対する柔軟性。新しい発想、新しい考え——。

あなたのリーダーは、自分には理解できないこと、異質なことを「面白い」と見てくれますか。それとも「自分にはさっぱりわからない」と突っぱねてしまいますか。

誰と出会うか、誰と一緒にいるかで私たちの価値観は大きく変わってきます。同じメンツと同じことをしていたら、時代の変化にはついていけません。

こういう時代だからこそ、異物との触れ合いが強く求められます。

CHECK!
042

生き残り続けるリーダーは、若者や異物からエネルギーをもらっている

第8章

集団を組織に変えることができるか？

043 □

ビジョンが明快か？

あなたのリーダーは、明快なビジョンを持って行動していますか。

ビジョンなど持たず、場当たり的に対応していませんか。

ビジョンは、誰にでも理解できる内容に落とし込まれていますか。

ビジョンとは、未来へと続く光の道です。

ビジョンがないと何を信じて進んでいけばよいかがわかりません。それは目的地を決めずに旅へ出るようなものです。

ところがビジョンを持っていないリーダーが大勢います。

ビジョンを持たないリーダーは、進むべき道を知りません。あっちへ行ったり、こっちへ行ったり。進んだと思ったら、また戻ってきたり。そんなリーダーについていくのは大変です。さんざん引っ張り回された挙句に「もうどこへ向かえばよいのかわからない」と放り出されてしまうかもしれません。

なぜならリーダー自身が目的地を決めていないのですから。

明快なビジョンを持ったリーダーは進むべき道がわかっています。迷いがありません。部下たちは安心してついていけますし、仕事にも集中できます。

だから成果も出しやすい。

人は、明確なビジョンを持って行動する人のもとに自然と集まります。

人が集まって、そこにビジョンが生まれるのではありません。

まずビジョンがあって、そこに人が集まり、会社という組織になります。

ここを読み間違えているリーダーにはついていってはいけません。

ちなみに私のビジョンは人材教育を通して社会に貢献すること。マーヴェラスラボという会社は、このビジョンに共感してくれたスタッフが集まっています。


CHECK!

043

リーダーが目的地を決めていないと
メンバーもどこに向かえばいいかわからない

044

集団を組織に変えることができるか？

あなたのリーダーは、「集団」と「組織」の違いを理解できていますか。

「集団」は、文字通り、ただの人の集まりです。

たとえば、幼い子どもたちがサッカーをして遊んでいるとします。

幼い子どもたちは、我先に「僕にも蹴らせて」「私にも蹴らせて」とボールに群がってきます。外から見ているとてもかわいい光景ですが、この状態は、ボールで遊びたい子たちが集まっただけの「集団」です。この段階では「組織」とは呼べません。

みんなでボールで遊んでいるうちに、みんなでゴールを目指すことを覚え、それぞれに役割が決まっていきます。キック力のある子、走るのが速い子、動きが俊敏な子、ボールの行く先を読むのが速い子など、それぞれの特長がわかってきます。

こうして、ただの人の集まりだった「集団」が、サッカーをするための「組織」、ひいてはサッカーで勝つための「組織」へと変貌していきます。

会社にも同じようなことが言えます。ただ人が集まっただけでは、「集団」です。「集団」が、同じ目的・目標に向かって活動を始めたとき、はじめて「集団」は「組織」へと成長します。

「集団」を「組織」へと成長させるのがリーダーの役割です。

一人ひとりの能力は高いのだが、生産性が上がらない、結果が出せていない。それはおそらく組織力が足りていないのでしょう。

ついていくべきリーダーは、一人ひとりの個を尊重しながら、なおかつ同じ目的・目標のもとにメンバーをまとめ上げることができます。

「うちのメンバーは個性が強すぎてね。全然まとまりがないんだよね」と匙《さじ》を投げているようなリーダーにはついていってはいけません。

CHECK!
044

「集団」を「組織」に変えるのが、リーダーの大事な仕事の一つ

045 □

目的・目標を共有できているか？

目的・目標を持たずに、なんとなくやってうまくいった組織はありません。

あったとすれば奇跡でしょう。

そのことは、これまでの歴史を振り返ってみるとわかります。

明確なビジョンがあるから、迷うことなく前へ進んでいける。しっかりとした目的や目標があるから、それに向かってがんばろうとする。

単なる人の集まりである「集団」を生産性の高い「組織」として機能させるためには、チーム全体で同じ目的・目標を共有する必要があります。

あなたのリーダーは、目的や目標がはっきりしていますか。

また、それをチーム全体で共有できていますか。

「あそこがゴールだ！」とみんなに言っておきながら、自分だけが違うゴールを狙っていたりする。たまにこのようなリーダーを目にします。

目的・目標の理解の仕方や受け止め方は人によって違います。深く掘り下げて説明してあげないと納得できない人がいます。

一方で「正直、何のためにやるのかよくわかりません。でも、リーダーがやるというのならやります」という人もいます。これはこれでかまいません。

深く知ろうとしない人に深い話をしても頭がパニックを起こしてしまうだけです。ついていくべきリーダーは、こうした事情も考慮して、目的・目標をチーム内に浸透させていきます。

このときに問題になるのは、「自分は何のためにやるのかわかりません。だから、私はやりたくありません」というメンバーの扱いです。ついていくべきリーダーは無理強いはしません。あくまでも本人の意志を大切に考えます。

その上で「もし、協力できないのだったら、今回のプロジェクトからは外れてもらってもかまわない」と毅然とした態度で臨みます。

リーダーだからといって目的を押し付けたり、逆に曖昧にしておくことは、チーム全体のためにならないことを知っているからです。

もちろん「上の人間が言っているのだから、とにかく従え」などと一方的に目的・目標を押し付けてくるリーダーにはついていってはいけません。

しかし、目的・目標にどうしても賛同できない場合は、最悪、外されてしまうことを念頭に置いておくとよいでしょう。

この点で、ついていくべきリーダーが妥協することはありません。

CHECK!
045

チームの目的・目標を繰り返し伝えるのがリーダーに課せられた役割

046 □

道を示してくれるか？

あなたのリーダーは、あなたが進むべき「道」を示してくれますか。

企業には、それぞれに目的や目標があります。

社員は、そうした企業の目的や目標を達成するために日々働いています。

一方で、会社のために働く社員の一人ひとりにもそれぞれの進むべき道があります。

たとえばリーダーになる、その道のエキスパートになる、高給取りになる――。

企業の目的・目標と個人の目的・目標は必ずしも一致するわけではありません。

ついていくべきリーダーは、会社の目的・目標とは別に、部下一人ひとりの将来について考えることのできる人です。会社の目的・目標を達成することによって、部下たちはどこにたどり着くことができるのか、一人の人間としてどのようなメリットが得られるのか、部下たちに示すことができます。

CHECK!
046

メンバーの将来を示してあげることも、リーダーには欠かせない仕事

会社は、社員の能力、時間などを使って成果を出します。その見返りに給料を払っているわけですが、それだけでは十分ではありません。会社が成功することで、社員たちがどのようになっていけるのか、その方向性や道を示してあげる必要があります。

たとえば私の会社でしたら、成果は給料や待遇にできるだけ反映します。すると社員は「ああ、成果があがれば給料がよくなるんだ」と想像できます。

給料が上がればモチベーションも上がるでしょうし、高い給料をもらうということはそれだけ自分は責任のある仕事に就いているという自覚も生まれるでしょう。

社員は社員。そう割り切って考えるのもよいでしょうが、その社員にも一人ひとり生きる道があります。ついていくべきリーダーは、そのことを忘れてはいけません。

成果ばかりを求めて道を示すことができない、部下を一人の人間として扱うことのできない、そのようなリーダーにはついていってはいけません。

047 □

チャレンジできる環境をつくっているか?

すべてを一人で抱え込んで、リーダーだけが毎日残業。リーダーはそれでいいかもしれないけど、リーダーより先に帰るのは気が引ける。もっと部下を信頼して仕事をまかせてくれたらいいのに……。

もし、あなたのリーダーが人にまかせられないタイプだとしたら、ついていってはいけません。このタイプのリーダーは、結果的にあなたの成長の機会を奪っています。

ついていくべきリーダーは、部下にまかせることができます。積極的に新しいことにチャレンジさせます。

同時に、部下がチャレンジできる環境や雰囲気づくりにも気を配っています。

人材は、無理に育てようとするよりも、育っていくための環境を整えてあげることのほうが大事です。

チャレンジできる環境は、リーダー自らがチャレンジすることで生まれます。

リーダーがチャレンジしない環境で、部下たちだけにチャレンジを期待するのは難しいでしょう。

「おまえのチャレンジをみんな応援している」

「チャレンジを恐れないおまえの姿をみんなリスペクトしている」

「おまえのチャレンジをみんな喜ばしく見ている」

年齢や経歴に関係なく誰もがチャレンジできる、こんな環境をいかにつくり上げるか。リーダーの手腕が問われるところです。

また、もしチャレンジに失敗したときには、「すべての責任は私が取る」。これがついていくべきリーダーのあり方です。ついていってはいけないリーダーは、すべてを「自己責任」で片付けようとします。

CHECK!
047

メンバーがチャレンジしやすい環境をつくるのも、リーダーの大切な仕事

048 □ 部下にリスクを取らせているか?

今の子どもたちは、「いかにリスクを背負わずに安全に生きていくか」ということばかり教えられてきました。

親や学校の先生は、「これをやったら危ない」とか「あれをやったら危ない」と子どもが「危ない」と気がつく前に危険なことを禁止します。

誰かがケガをすると、こんな遊具は危ないと公園から撤去してしまいます。

これでは子どもたちの生きる力は弱まるばかりです。

私が子どものころは、夏になると川に飛び込み、泳いで遊んだものです。多少危ない経験もしましたが、そのおかげで自分の身は自分で守ることを覚えました。

いまだったら「流されたらどうするの」「溺れたらどうするの」とすぐに禁止されてしまうことでしょう。

過剰に守られて育った子どもたちは、いざというときに自分一人で意思決定できません。リスクを背負ってでも前へ進むという選択ができなくなっているのです。

それもやむをえません。なんでもかんでも大人が先回りして、子どもたちの前から危険なことを排除してきた結果ですから。

ですが、リスクを恐れてばかりいたら前へは進めません。

ついていくべきリーダーは、自らの経験を通じてそのことを知っています。

だから多少のリスクがあったとしても、積極的に部下たちにチャレンジさせます。

リスクがあるからやめるのではなく、リスクを回避して成功する方法を教えます。

部下たちに、健全な危機感を持てるよう導くのがついていくべきリーダーです。

「これはダメ」「あれもダメ」と何でも禁止するリーダーは過保護な親と一緒で、成長の妨げになるのです。

CHECK!
048

失敗や痛みを通じて教えるリーダーが、
メンバーを急成長させることができるリーダー

049□

部下が自ら成長したくなるように仕向けているか?

リーダーは、人の目利きができる人でなければなりません。

お釈迦様は言いました。

「人を見て法を説け」

ついていくべきリーダーは、部下一人ひとりの気質や性格や特徴に合わせ、それぞれに合ったやり方で成長を促してくれます。

主食はご飯がいいのか、パンがいいのか。

おかずは、肉がいいのか、魚がいいのか、野菜がいいのか。

食後のドリンクは、コーヒーがよいのか、紅茶がよいのか、緑茶がよいのか。

人によってそれぞれ好みが違うように、目的や目標へと向かわせる動機も違ってきます。

「うちのリーダーは私のことが本当によくわかっている。私の扱い方がうまい」

こんなふうに部下に関心されるぐらい、相手のことを理解しています。

部下の気質や特徴を熟知しているのは、日頃から部下たちと向き合っているからです。部下への愛情があるからです。

逆に「あの人から言われると逆にやる気がなくなる」「正論でも耳を傾けたくなくなる」ということでしたら、それはついていってはいけないリーダーです。

部下の操縦方法をまったくわかっていないのです。


CHECK!

049

メンバーをやる気にさせる力がリーダーの究極のスキル

050 □ メンバーそれぞれの役割が違うと理解しているか?

会社という組織は、いろいろなタイプの人間が集まって構成されています。

さまざまなタイプの人間がいるからこそ、そこで働くのは面白いし、みんなの力がひとつになったとき、単なる個を超えた力を発揮することができます。

ついていくべきリーダーは、一人ひとりの個性を認め、それぞれに合った役割を与えてくれます。

組織というものは、さながら動物園の動物たちのようにそれぞれ違った役割を持っていると理解しています。

誰もが同じ能力、同じ特性、同じ気質である必要はない。みんな違っていていい。違うからこそ集まって組織というものを形作っていると知っています。

動物園には、たくさんの種類の動物がいます。首の長いキリン、口の大きなカバ、鼻の長いゾウ、勇ましいライオン、とにかくかわいいパンダ――。

動物園でキリンを前に「どうしてお前はそんなに首が長いんだ」と思ったり、カバを前に「どうしてそんなに口が大きいんだ」と思ったりするでしょうか。それよりもむしろ「キリンは首が長いんだな」「カバは口がでかいんだな」と思うはずです。

つまりはそれぞれの特徴をあるがままに受け止めているのです。

ついていくべきリーダーも同じ。メンバーの特徴や特性に「なぜ」と疑問を抱くのではなく、特徴や特性を認め、それを活かせるように役割を与えます。

「どうしてお前は……」とか「○○と比べてお前は……」などと、あなたの存在を否定するリーダーは、組織というものがどういうものなのか理解していません。

組織というものは同じタイプの人間が集まるよりも、それぞれに特徴を持った人間が集まったほうが組織力は高まり、生産性や成果も上がりやすくなるのです。

CHECK! 050

メンバーの特徴や特性を見極め、最大限に活かせるリーダーは強い

051 □

組織を俯瞰することができるか?

「リーダーは孤独を愛する」と言われます。

孤独とは、組織という群れから離れて一人になること。

リーダーが一人になるのは、周囲の環境に左右されずに冷静な判断をするため。物事を一歩引いた場所から、俯瞰して見られるようにするためです。

人間は環境順応性の高い生き物です。

どんなに厳しい環境であってもいつかは慣れます。そして、いまの環境が当たり前となり、そこを基準に物事を判断するようになります。

ビジネスにおいてこれは危険な状態です。まわりの状況が見えておらず、正しい判断ができなくなっているからです。いわゆる「井の中の蛙」状態です。

ついていくべきリーダーは、ずっと群れの中に居続ける危険を知っています。

だから、ときどきあえて群れから距離を置いて一人になる。

一人になって自分、あるいは世界と対峙するのです。

ですから、本当は「リーダーは孤独を愛する人」ではなく、「あえて孤独を選ぶことができる人」といったほうがよいかもしれません。

もちろん本物のリーダーは孤独にも強い。

あなたのリーダーは孤独に強い人ですか。いつも誰かと群れたがる人ですか。

あえて自分から孤独を選べない人、孤独に耐えられない人についていってはいけません。


CHECK!

051

一流のリーダーは、
一歩引いた視点を持っている

052 □

仕組みをつくることができるか?

あなたの会社は、働きやすい会社ですか。

あなたは、自分の能力を存分に発揮できていると感じていますか。

リーダーを含む社員たちは、いつも生き生きとした表情をしていますか。

社員のモチベーションを上げる仕組み、やる気を引き出す仕組み、アイデアを吸い上げやすい仕組み、誰もがチャレンジしやすい仕組み。こうした社員が働きやすく、やる気を出しやすい仕組みを整備するのもリーダーの役割です。

あなたのリーダーは、会社の目的・目標に対して効率的に働くためには、どのような仕組みが必要なのかをいつも考えていますか。

「昔からやっているから」とか「社長が言っているから」といった理由で、目的に対して意味のない慣例を続けていたりはしませんか。

古くからの慣例で残っている古い仕組みはなくしてしまってかまいません。

あなたのリーダーは、Googleがやっているから、Appleがやっているからと、有名ＩＴ企業の仕組みをそのまま自分の会社に取り込もうとしてはいませんか。

目的・目標を効率的に達成するために必要な仕組みは、業種、業態、規模、人種などによって異なります。成功している企業がやっているからと、そのまままねても成果があがるわけではありません。

大事なことは、その会社やメンバーに合った仕組みをつくることです。

うまくいっている企業の仕組みを参考にするのはよいことです。しかし、それだけではいけません。そうして得た情報を、自分なりに咀嚼し、必要な部分だけを抽出して、自分の職場に活かす必要があります。


CHECK!

052

仕組みをつくるのもリーダーの仕事

053□ 新しいリーダーを育てているか?

あなたのリーダーは仕事を教えてくれますか。部下の教育には熱心なほうですか。それとも仕事をまかせるだけまかせておいて、あとは知らん顔ですか。

リーダーには、仕事で成果をあげることのほかに大事な使命があります。新しいリーダーを育てることです。ついていくべきリーダーは、二番手、三番手が育ってくれるよう、部下の成長にも目を配っています。

リーダーだけが成長しても、部下たちがそのままでは、組織力は高まりません。組織力のアップには、全体のボトムアップが不可欠です。

ついていくべきリーダーは、セミナーで学んできたことや、取引先から教わった有益な情報などを、惜しげもなく部下たちに語ってくれます。部下の成長を心から望んでいるからです。

あなたのリーダーは、仕事に対して一生懸命ですか。

リーダーのがんばりは、まわりに良い効果を与えます。リーダーががんばっていると、リーダーに負けないようにと部下もがんばります。

ついていくべきリーダーは、自分にもまわりの人たちにも一生懸命。そんな人です。


CHECK!

053

リーダーの大切な使命は、新しいリーダーを育てること

第９章

戦略はあるか？

054

戦略はあるか?

勝負の8割は戦略で決まる。

勝つには勝つだけの理由があり、勝てないのにもそれなりの理由があります。

ついていくべきリーダーは、勝つための戦略を持っている人です。

「リーダー、勝算はあるのですか?」

「いや、何とかなるだろう。とにかくやってみよう」

ついていってはいけないリーダーです。

ビジョンや目的・目標を決めたら、その実現に向けて戦略というロードマップを練る。

市場規模、顧客ニーズ、競合他社の存在などを綿密にリサーチし、そこで得た情報を戦略・戦術に落とし込んでいく。

もちろん最初は量で勝負することが大事です。しかし、いつまでたっても「1万回バットを振って1回たまに当たればいい」的な無駄が多い指示をメンバーにしていると、メンバーも疲弊してしまいます。

量をある程度やり込んだあとは、マーケティングによって打つべき球を絞り込み、戦略というスキルで、少ない打席で当てにいく。そのためには戦略が欠かせません。

戦略は本で読んだり、人から聞いただけでは身に付きません。

知識として得たことを実践して、ようやく自分のものにすることができます。

もちろん失敗はつきものです。私が運営するマーヴェラスラボでも惨敗に惨敗を繰り返し、ようやく勝てる道筋が見えてきました。

大事なことは、まずやってみること。試してみないことには何もわかりません。

リーダーには、勝てるかどうかわからない勝負に臨む勇気が必要です。

実際にやってみたら、勝敗に関係なく、結果を検証します。そして必要であれば、再度チャレンジ。そして検証。これを繰り返します。

あなたのリーダーは成果が出なかったときにどのような対応を取っていますか。

失敗の原因を検証し、次の戦略に役立てようとしていますか。

「今回は運が悪かった。タイミングが良くなかった。とにかくもう一度やってみよう」

などと振り返りをしない人ですか。

だとしたら、それはついていってはいけないリーダーです。

そのようなリーダーについていっても勝率は上がらないでしょう。


CHECK!

054

無謀なだけの人にリーダーは務まらない。

緻密な戦略を立て、勝利の確率を上げることが大事

055

長期的に考えることができるか?

あなたのリーダーは、何年先を見据えてビジネスをしていますか。

ソフトバンクの孫さんは、「300年間成長し続ける会社をつくる」をビジョンのひとつに掲げ、300年先の未来を予測してビジネスをしているといいます*。

私たちの中に300年先を見て、ビジネスをしている人がどのぐらいいるでしょうか。5年先、10年先でもなかなか難しいことです。

目の前のことをこなしていくだけで精一杯という人も多いでしょう。

それが50年先、100年先、300年先ということにでもなったら、何も思い浮かばないという人がほとんどかもしれません。

孫さんは、過去の歴史を振り返ることで未来の予測は可能になるといいます。実際にソフトバンクでは、特別室を設けて300年前の歴史を調査していますいまから

＊『ソフトバンク 新30年ビジョン 発表会サマリー』より
https://www.softbank.jp/corp/about/philosophy/vision/next30/

３００年前といえば18世紀の初頭のことです。その後半にはイギリスで産業革命が起こり、それまでの手工業から近代的な工業へと移っていきます。紡績機、蒸気機関などがつくられ、鉄道が開通したのもこの頃です。

こうした産業の大変革により、人々のライフスタイルは大きく変わっていきました。

ソフトバンクでは、これと似たような技術革新が３００年後にも起こると予測しています。

このような時代の中、会社として何ができるのか。ソフトバンクの孫さんは、ここまで考えて「今」を展開しているのです。

孫さんに限らず、世界のリーダーたちは、世界中の誰よりもずっと先を見ています。

あなたのリーダーも、孫さんまでとは言いませんが、5年先、10年先、30年先の未来を見て走り続けていますか。

CHECK!
055

短期的スパンでしか考えられないリーダーの下では、組織もメンバーも小さくまとまってしまう

056 □

予測する力があるか?

リーダーには、未来を予測する力が必要です。

ビジネスに予測は欠かせません。未来を予測することで勝つための戦略が立てられます。またその精度が上がれば上がるほど勝率は上がっていきます。

予測のベースとなるのが歴史です。先ほどソフトバンクの例について話しましたが、歴史は未来を知るための基礎になります。

ですから、リーダーは必ず歴史を知っておかなければなりません。予測の精度は、次のような過程で磨かれていきます。

まず、歴史を学ぶ。それによって予測に必要なデータを得る。得たデータをもとに予測を行い、結果と照らし合わせる。何が当たり、何が外れたのか。予測通りにならなかったのはなぜか。必要であれば再び歴史に立ち戻って検証を行う。

歴史↓予測↓分析↓歴史↓予測↓分析……。

このサイクルを繰り返すことで予測の精度が上がっていきます。

逆に、こうした訓練をしておかないと、予測の力は衰える一方です。腹筋を鍛えるのをやめると、おなかがたるんで、だんだんとメタボ腹になっていくのと同じです。

大事なことは、予測する癖をつけることです。

時事ネタ、芸能界ネタ、スポーツネタ。なんでもかまいません。たとえば、最近話題になっている、仮想通貨、ＡＩ、東京オリンピックなどがこれからどうなっていくのか予測してみる。「これは、こうだから、ああなる」と考える習慣を持つのです。

あなたのリーダーはどうですか？　リーダーの予想は当たるほうですか、それとも外れてばかりですか。予知能力のないリーダーは、どうしても負け戦が多くなります。ついていくのはやめましょう。

CHECK!
056

予測力がない人は、リーダーとしては致命的

057 □ リスク管理ができているか?

あなたのリーダーは事業を進める際に、リスクの洗い出しを行っていますか。また、それに対して何らかの対策を講じていますか。

たしかに、行き当たりばったりでうまくいくケースもあります。そのような場合は、勢いに任せて突き進んでもよいでしょう。しかし、たいていはそううまくいきません。

現実には、リスクを考えてもうまくいかないことのほうが多いでしょう。

リスクを把握し、それに対して何らかの対策を講じる。

リスク管理はリーダーの大事な仕事のひとつです。

逆に言うと、リーダー以外にリスクまで見られる人間はいません。

部下はやりたいことはわかっても、リスクまで見通すことはできません。経営的な視点から事業を見るだけの力が備わっていないからです。

リスクを考えるのはとても疲れます。マイナス面に目を向けなければいけないので気持ちもネガティブになります。

それでもリーダーはリスクに向き合わなければいけません。リスクから目を背けようとするのは、ついていってはいけないリーダーです。

優秀なリーダーは、部下にもリスクについて考えさせます。

たとえば、人が集まらなかったらどうするか、売れなかったらどうするか、原材料が値上がりしたらどうするか、プロジェクトに遅れが生じたらどうするか……。

リスクに向き合わせることによって、部下に健全な危機感を持たせるのです。

リスク対策ができるのはリーダーとして当たり前のこと。さらに部下たちにも危機意識を持たせ、将来的に自分でリスク対策ができるようにする。

それがついていくべきリーダーです。

CHECK!
057

優秀なリーダーは、部下にもきちんとリスク対策させる

058 □

人生設計のロードマップを立てているか?

あなたのリーダーは、人生のロードマップを持っていますか。

この先、自分はどんな人生を歩んでいきたいのか。仕事や家庭や人間関係、身に付けたいスキルや、やりたいこと、行きたい場所、成し遂げたいこと。

5年後、10年後、20年後の自分の姿を思い描くことができていますか。

人間は、決めないと動かない生き物です。

いつかやろうと思っていたら、あっという間に時間だけが過ぎていきます。

ついていくべきリーダーは、人生のロードマップを持っている人です。

やりたいことがはっきりしていて、いついつまでに実現すると期限を設けています。

だから、行動に移しやすいし、実現の可能性も高い。

「人生のロードマップを立てたって、まずその通りにはいかないでしょう。人生、そんなに甘くないよ」そう言い放ってしまうのは、ついていってはいけないリーダーです。

たしかに計画通りにいかないことも多いでしょう。

しかし、決めた人とそうでない人の差は大きい。

頭からロードマップを否定してしまう人は、夢を実現することよりも、「実現しないこと」を無意識のうちに選んでしまっていることに気が付いていません。

はっきりとした理由もなく、「絶対にかなわない」ことを選択しています。

人は、意識しているいないにかかわらず、自分の決めたほうへ進もうとします。

何もしないうちから人生を悲観的に見ている人と、実際にプランを立てて、かなわないかもしれませんが、夢に向かって努力を続けている人。

あなたならどっちについていきますか。

CHECK!
058

人生のロードマップがないリーダーは、行き当たりばったりになりやすい

第10章

あなたが
リーダーになるための
10のリスト

LIST 001

成長し続ける

あなたがリーダーになるためには、まずは人間として成長し続けることです。自分の成長に貪欲になることです。

うまくいっているリーダーほど、もっと成長したいという欲を強く持っています。しかも、どれだけ成長しても、その欲が衰えることはありません。

これほどまでに成長に貪欲なのは、成長した人にしか味わえない感動や快感があることを体感してきているからです。だからもっともっと成長して、もっともっと感動したい、もっともっと快楽を味わいたいと心と体が欲するのです。

最初からリーダーを目指すのが難しいようでしたら、まずは最強の二番手、三番手を目指してみてはどうでしょうか。

成長していく過程であなたは気づくはずです。自分の成長は自分だけのものではない、まわりの人や後輩たちにも良い影響を与えている、と。

人は自分が成長した分だけしか他人に与えることはできません。あなたが成長すれば、あなたはもちろん、他の人にも何かを与えることができます。

人は成長することをあきらめたらその時点で終わりです。

これからもずっと、自分という人間に感動を与え続けられる人であってください。

LIST 002

お金はすべて自己投資に

稼いだお金は、可能な限り、自己投資に使ってください。

逆に言うと、自己投資以外に賢いお金の使い道はないと私は思います。

本を読む、資格を取る、セミナーに参加する、映画を見る、音楽を聴く、美術鑑賞をする、体を鍛える、体によい食事を摂る――。

あなたの人生をよくしてくれるものにお金を投資しましょう。

それがいずれ誰かのためになります。誰かを喜ばせることにつながります。

自己投資とは、なにも自分のためだけにするものではありません。

自己投資によって成長したあなたは、家族や仲間や社会の役に立てる人間に成長していきます。

自己投資は、人や社会に貢献するための最強のツールなのです。

お金は貯めるものではありません。誰かの役に立てるために使うものです。

そのための最高の投資先がほかならぬあなた自身なのです。

LIST 003

枝葉ではなく、幹が太くなる学習をする

何かを学ぶときは、何のために学ぶのか、目的をはっきりさせましょう。

英語がうまくなりたいのに、数学を学んでも仕方がありません。

セミナーを受ける場合もそうです。何を学びたいのかを明確にしてからセミナーに行かないとお金と時間のムダです。

セミナーで学ぶこと自体はとてもよいことですが、ほとんどのセミナーが知識やノウハウの習得に偏り過ぎています。

人間としての「幹」が十分に育っていない状態で、知識やノウハウといった「枝葉」の部分にばかり栄養を与えても豊かな実りは得られません。

まずは人としての土台をつくりましょう。

たとえば歴史を学ぶことで世の中の流れを知る。

宗教を学ぶことで人間とはどういうものかを知る。

自分と向き合うことで、自分という人間を知る。

リーダーを目指すあなたには、枝葉ではなく、幹が太くなる学習を最優先に考えてほしい。

枝葉に関する学習は、幹が十分に育ってからでも遅くはないのです。

LIST 004

体感のPDCAを回す

失敗も成功も、できるだけ早く、できるだけ多く経験しておきましょう。

特に「全力でやったのにうまくいかなかった」ことは貴重な体験です。

そもそも失敗は、悪いことではありません。

失敗したからこそ次はうまくやろうとします。うまくやろうとするから、原因を調べたり、新しい方法を考えたり、工夫したりします。失敗してもすぐにリカバリーして最終的に成功につなげることができれば、何ら問題はありません。

失敗が問題になるのは、そのあとの対応が遅かったり、内容が悪かったりして、手を付けられない状態になったときです。

大事なことは、できるだけ早く、失敗を成功へと変えることです。

そのためには、早い段階での振り返りが必要です。

「なぜ、うまくいかなかったか」「どうすればよかったのだろうか」と考えたり、調べたり、まわりの人に尋ねたりして、原因の究明と改善策を練る。そして再度挑戦する。このプロセスが大事なのです。

失敗とは経験です。経験を積み重ねて人は成長していくものです。

頭で学ぶことも大切ですが、それだけでは十分ではありません。学んだことを実践して体で感じること、つまり体感することによって、はじめてひとつの知恵として身に付けることができます。

一方、失敗をほとんど経験していない人、何をやってもうまくいってしまう人は、将来的に困ったことになるかもしれません。いつもうまくいってしまうから、うまくいかなかった人の気持ちがわからない。

「なんでそうなるの？　普通にやればできるでしょう」といったことを平気で口にしてしまいます。

こうした失敗した人の気持ちがわからない人がリーダーになると、部下は困ってしまいます。

いわゆるついていってはいけないリーダーになってしまうからです。

LIST 005

弱みより強みを伸ばす

リーダーを目指すのなら、弱点を克服することよりも、長所を伸ばすことに時間とお金を使いましょう。

どんな人にも弱点はあります。人よりも劣った部分はあるけれども、それを補ってあまりある長所を誰もが一つは持っています。

組織で力を発揮するのは、弱点を克服した平均的な人ではありません。何か突出した才能を持っている人です。

たとえば、いつも遅刻をする人がいたとします。遅刻は社会人として許されることではありませんが、その人物はある分野において突出した才能を発揮します。

仮にこのような人物がいたとしたら、私はこの人物の遅刻を正すことよりも、その抜きんでた才能を伸ばしてやりたいと考えます。

人は、自分のダメな部分にばかり目を向けがちですが、これからはあえて短所には目をつぶり、長所を伸ばすことを考えてみてください。

弱点克服よりも長所強化です。

優れたリーダーは、どこか突出した長所を持っているものです。それがあるゆえに優秀なのです。

LIST 006

極端に過剰に振り切る

リーダーは、普通であることを好みません。

人と違うこと、極端であること、過剰であること、振り切っていることを良しと考えます。もうおかしくなったのかと思うぐらいに、お金と時間を自分の欲求や願望に注ぎ込んでいるのがついていくべきリーダーです。

世の中の多くの人がうまくいっていません。これが事実です。だから、そのうまくいっていない人たちとはあえて違ったことをやってみてください。

そこに成功のヒントが隠されています。

普通であることをやめるために、あえて人と違ったことをやってみましょう。

たとえば、次のようなことです。

・みんなが嫌がる仕事を率先してやってみる

会社のトイレ掃除をしてみる。会社のビル前の清掃でもいいでしょう。上に立つ人間は、人が嫌がることをしなければならないときが多々あります。

・仲間と違う選択をしてみる

リーダーには、みんなが右と言っているときに、左と言わなければならないことがあります。人に同調せず、自分の意見を言えるようになるためのトレーニングです。

・行列に並ぶのをやめる

人が集まり始めてから並んでももう遅すぎます。そこには何の感動も発見もありません。みんな並んでいるから並ぶといった横並びの考えはやめましょう。いい情報は誰よりも早くつかむ。これがリーダーのあるべき姿です。

・孤独になる

リーダーには、自分と向き合う時間が必要です。仲間とワイワイやるのもよいですが、ときどき自分と対峙する時間を持つようにしましょう。

リーダーになったときにその経験が生きてきます。

LIST 007

自分だけのカリスマを見つける

あなただけの憧れの人を見つけましょう。憧れの人が見つかることで、あなたがもともと持っている特性に気づくことができます。

いままで自分では意識していなかった興味や関心、あるいは興奮ポイントなどがわかり、より深く自分を知ることができます。

かつて言われた、憧れの人（ロールモデル）を真似る「モデリング」の必要はありません。憧れの人の良い部分だけを抽出し、自分をつくり上げていきましょう。

たとえば5人の服装を見て、この人の上着が好き、あの人のパンツが好き、帽子が好き、靴が好き、時計が好きといったふうにピックアップし、お気入りのアイテムで自分をコーディネートする、そんな感じです。

ソフトバンクの孫さんとアップルの元CEOスティーブ・ジョブズ氏は、私が憧れる経営者です。

私は、孫さんの「時代を変える」「社会を変える」といった志にほれ込んでいます。私と孫さんでは、手掛ける事業は違いますが、私も人材育成事業の分野で孫さんのような社会的な影響を与えていこうと決めています。

ジョブズのおしゃれでスタイリッシュなところにほれています。私もアップルのようなかっこいい会社をつくりたい。スタイリッシュな製品やサービスを世に送り出していきたいと願っています。要はダサい経営はしたくないのです。

孫さんやジョブズに憧れる人は多くいますが、ほとんどの人が彼らの成功に憧れています。

でも、私は違います。志やスタイルにほれ込んでいるのです。

憧れの人は何人いてもかまいません。一人の人に私淑《ししゅく》することはありません。何かを足したり、引いたり、掛けたり、割ったりして新しいビジネスチャンスが生まれるように、憧れの人から好きな部分だけを抽出して、足したり、引いたり、掛けたり、割ったりして新しい自分を形づくっていきましょう。

LIST 008

即断即決トレーニングをする

自分で決めるのが苦手な人がいます。なかなか決められない人がいます。

そのような人にぜひやっていただきたいのが「即断即決トレーニング」です。

どんな些細なことでもかまわないので、すぐに決める癖をつけましょう。

たとえばレストランのメニュー。あれこれ迷いますよね。

でも、あえて見た瞬間に決める。迷わない。とにかくすぐ決める。

頼んだ後に、「ああ、やっぱりあっちのほうがよかったな」と後悔することもあるでしょう。でも、それはそれでよいのです。即断即決して後悔する。これも学習です。

後悔とは痛み。痛みを伴うことで意思決定力は少しずつ磨かれていきます。

メールが届いたらすぐに返信をする。何も難しいことはありません。

「はい。わかりました」「ありがとうございます」の一言でよいのです。

返信が遅い人はたいていこう言います。「なんて返せばよいのかがわからないんです」「言葉が見つからないんです」。重要なことでしたら別ですが、だいたいはイエスかノーか、あるいはお礼の言葉を添えて返しておけば用は足りるでしょう。

このようにして一瞬で決断する癖をつける。3カ月も続ければ確実に意思決定能力が向上します。ぜひ、試してみてください。

LIST 009

プレゼンテーション力を磨く

歌がうまいだけ、それだけでは聴く人の心を揺さぶることはできません。

実際、カリスマ的なミュージシャンは必ずしも歌がうまいわけではありません。それでも、聴衆を惹きつけてやまない魅力を持っています。

彼らの歌に込められた想いやエネルギーが聴く人の心を突き動かすからです。

プレゼンテーションにも似たようなところがあります。

話し方がうまければ相手にメッセージが伝わるかというと、そうでもありません。

本当に大事なことは、話すテクニックではなく、メッセージそのものです。

あなたの中に、本当に伝えたいメッセージがなければ、どれだけ話す技術を磨いても、本当の意味では相手には伝わりません。

おそらく「ふーん、そうなんだ」で終わってしまうことでしょう。

以前、私の師匠がプレゼンテーションについてこう話していました。

「一回のプレゼンテーションで一生の協力者をつくる」

一生の協力者を得るためには何が必要か。

プレゼンテーションで求められているのは話す技術そのものではなく、自分の伝えたいことを相手に正確に伝えられる「伝達力」です。伝達力を高めるためにはつねに相手目線で話をすることです。

「相手に何を伝えたいのか」

「伝えることによって、相手にどんなメリットがあるのか」

「話を聞き終えたときに、相手にどうなっていてもらいたいのか」

この3つを押さえて、プレゼンテーションの内容を考えてみましょう。

ただ、相手にメッセージを伝えるだけでは協力者は得られません。

相手の心を強く揺さぶるような話ができてはじめて「私はこの人のために何かをしてあげたい」と思うようになります。

話し方の技術は、回数を重ねていけば必ずうまくなります。

ここは量質転化の世界です。

しかし、相手の魂を揺さぶるような話ができるようになるのはまた別の話。

自分のプレゼンテーションで自分の心が震える。

自分の話に、泣き、喜び、悲しみ、笑う。

そんなプレゼンテーションができるようになったら最高です。

LIST 010

意識的に環境を変える

人の意識は、環境に大きく左右されます。

想像してみてください。ハワイのきれいなビーチのそばにある高級ホテルで朝を迎えるのと、人があまり住んでいない田舎の暗い場所で朝を迎えるのとでは、気分が全然違うはずです。

どちらが優れているという話ではありません。

人の気持ちは、これほどまでに住む場所に影響されることをお伝えしたいのです。

大事なことは、今の自分にとって最適な場所を選ぶことです。

今の環境では、モチベーションが上がらない、やる気が出ない、気分が落ち込みがち、というのなら、できるだけ早く環境を変えるとよいでしょう。

どこに住むか、誰と付き合うかによってあなたの将来は大きく違ってきます。

居心地が良いから、なんとなく、いろいろ面倒だから、といった理由で今の環境に居続けるのはやめましょう。マインドが上がらない場所に居続けても、毎日、同じことを繰り返すだけです。現状維持では何も変わりません。

人間は、一度住み始めてしまうと、ずっと同じ洞窟に住み続けてしまう、そんな生き物です。意識的に環境を変えていきましょう。

おわりに

何かを変えようと思ったとき、すべてを自分一人の力で変えようとは思わないことです。それこそ「ついていくべきリーダー」に相談してみるのもよいでしょう。信頼できる仲間がいるのなら、彼らに協力を仰いでみてもよいでしょう。

大事なことは、どんな人とどんな環境でやるかです。

私たちの人生は、どのような環境に身を置き、誰と出会うかで大きく変わっていきます。いまよりもうんと良くもなれば、うんと悪くもなります。

お金が欲しい。自由が欲しい。起業したい。

人の幸せにはいくつもの形がありますが、これだけは言えます。

お金イコール幸せ、ではありません。

自由イコール幸せ、でもありません。

起業イコール幸せ、でもありません。

私が考える最高の幸せとは、「いい人と出会い、いい環境で、自分がやりたいことをやっている」ことです。

想像してみてください。

大好きな人と結婚して、一緒に楽しい時間を過ごせたら、最高に幸せですよね。


あなたにとって最高の幸せとは何か。

一度、自分と徹底的に向き合って考えてみてください。

もしかすると、いまあなたが置かれている環境はあなたが求めているものではないかもしれません。

ひょっとすると、いまあなたのまわりにいる人よりも、もっとあなたにふさわしい人がいるかもしれません。

私は、本書を通じて、あなたにとって本当に大切な人、あなたが本当にやりたいことを自分の力で選び出せるようになってほしいと願っています。

昔も今も時代を変えるのは、いつも少数派の人間です。パレートの法則「20：80」でいうところの20の人間が世の中を変えていきます。

私は、あなたには80の側ではなく、20の側の人間になって、時代を変えてほしいと思っています。

80の中には、どうしても変わりたくないという「20」の人もいます。しかし、残りの「60」の人は、少数派の20へ成長していける可能性を秘めています。

それなのに、多くの人が変わることができない。

それはほとんどの場合、リーダーに恵まれていないからです。60の中には自力で20に入れる優秀な人間もいますが、それはごく少数に限られます。

ほとんどの人が、自分一人の力では変わることができません。

だからこそ、どのような環境に身を置き、誰に出会うかが重要なのです。

あなたにふさわしい場所で、あなたに合った人物に出会えれば、あなたのこれからの人生は今よりもずっとすばらしいものになるでしょう。

本書でいうところの「ついていくべきリーダー」が見つけられれば、その瞬間からあなたの人生は好転していくはずです。

そのためにもぜひ本書を役立ててください。

ついていくべきリーダーが見つかったら、優秀なリーダーのマインド、考え方、行動などを学び、自分のものにするよう努力してください。

自分のものにできたら、今度はあなたがリーダーを目指す番です。

はじめからトップを目指すのが難しいようなら、最強の二番手、三番手でもかまいません。あなたに合ったポジションを自分で判断して決めることが大事です。

その際ももちろん一人ですべてをやろうとすることはありません。

自分と誰かを足し算して、1＋1＝2以上の価値を生み出せるような仲間を見つけ出しましょう。同時にマイナスになるような関係は断ち切ることです。

これからは、社会が、政治が、環境が、家族が、時代が……、こうした言い訳は一切なし。あなたに合った仲間とあなたにふさわしい環境を、あなたが自分で判断し、あなた自身で選び取る。そのときにもきっと「ついていくべきリーダー」から学び取った、マインド、考え方、行動が力になってくれるはずです。

ただし、最後の最後に頼ることができるのは自分しかいません。

誰も、あなたの人生を変えることはできません。

自分の人生をより良いものに変えていくのは、ほかならぬ、あなた自身です。

そのためには行動です。

挑戦です。

絶え間のない自己探求心を持つことです。

近い将来、あなたが「ついていくべきリーダー」となり、後輩の指導にあたっている姿を期待して本書を終えたいと思います。

またいつかどこかでお会いできることを楽しみにしています。

２０１８年８月吉日

加藤 秀視

【著者紹介】
加藤 秀視（かとう・しゅうし）

株式会社マーヴェラスラボCEO
リーダーシップ、組織開発専門ベンダー。

人の能力を最大限に引き出す独自のプロダクトとメソッドにより、業界・職種を問わず、数多くの人と組織開発に携わる。

「無名のアスリートが世界大会で金メダル獲得」「オリンピック出場に導く」「中小企業を100億円企業に育てる」「少年院に出入りする非行少年少女・1000人以上の家庭の問題解決を行う」「数多くのビジネスパーソンや経営者を成功に導く」など多方面で実績を残し、各界からの評価も高い。延べ6万人を超える指導実績を持ち、多くの人や組織を変革に導いてきた「人と組織を変えるプロ」。

2011年の東日本大震災においては、震災2日後には現地に入り、物資支援100t以上、炊き出し10万食以上の支援を行なった。2015年には、モハメド・アリ、セリーヌ・ディオンやマイケル・ジョーダン、マニー・パッキャオが在籍する世界的な活動団体『グローバル・ビレッジ・チャンピオンズ』のメンバーとして、日本人で初の「チャンピオンズ」に選出される。

不幸な生い立ちの中から常にチャレンジする生き様は口コミの広がりから講演依頼が絶えず、全国で年間1万人以上に対し「人は必ず変われる」と自身が実体験から得た内容で講演を行なっている。その功績が認められ、文部科学省の奨励を受けるなど国から数々の表彰を受賞。無償での学校向け講演活動や献本活動、子どもたちの人格形成にも力を注ぐ。

2016年には、世界最高峰の教育手法でリーダー育成と組織開発における教育のニュースタンダードを打ち立てるべく、株式会社マーヴェラスラボを設立。データ分析のプロ・池田充宏とともに、全国850大学、1000件以上の論文、世界の辞書を徹底的に調査分析し、リーダーとして必ず身に付けておくべき普遍的な要素を抽出した「リーダー学」を日本初で体系化。「誰でもリーダーになれる」プログラムとして、日本を代表する超大手企業をはじめ、数多くの企業にリーダー教育を提供している。

【研修実績】JR東日本（東日本旅客鉄道株式会社）次世代リーダー育成プログラム、ゼスプリインターナショナルジャパン株式会社、バレーボールの名門校・駿台学園高等学校チームビルディングなど。

【著書】10万部突破のベストセラー『自分を愛する技術』（徳間書店）など多数。

加藤秀視オフィシャルサイト
http://shushi.jp/

マーヴェラスラボ
https://marvellous-labo.com/

プロデュース：長倉 顕太
構　　　　成：津村 匠
ブックデザイン：中西 啓一（panix）

誰についていくべきか？

2018年8月27日　　第1刷発行

著　者——加藤秀視

発行者——徳留慶太郎

発行所——株式会社すばる舎

〒170-0013　東京都豊島区東池袋3-9-7 東池袋織本ビル

TEL　03-3981-8651（代表）　03-3981-0767（営業部）

振替　00140-7-116563

http://www.subarusya.jp/

印　刷——中央精版印刷株式会社

落丁・乱丁本はお取り替えいたします

ISBN978-4-7991-0724-9